¿Realmente existe el infierno?

Libros de la serie

"Preguntas que hacen los cristianos":

¿Dónde estaba Dios cuando sucedió eso? Y otras preguntas sobre la bondad de Dios, su poder y su forma de obrar en el mundo.

¿El diablo me obligó a hacerlo? Y otras preguntas sobre Satanás, los demonios y espíritus malignos

¿Está Dios en contra de los gays? Y otras preguntas sobre homosexualidad, la Biblia y atracción hacia personas del mismo sexo

¿Realmente existe el infierno? Y otras preguntas sobre el juicio, la eternidad y el Dios de amor

¿Realmente existe el infierno?

Y otras preguntas sobre el juicio, la eternidad y el Dios de amor

Erik Raymond

EDITORIAL
PORTAVOZ

La misión de *Editorial Portavoz* consiste en proporcionar productos de calidad —con integridad y excelencia—, desde una perspectiva bíblica y confiable, que animen a las personas a conocer y servir a Jesucristo.

Publicado originalmente en inglés por The Good Book Company con el título *Is hell for real? And other questions about judgment, eternity and the God of love*, © Erik Raymond/The Good Book Company, 2017. Traducido con permiso.

Edición en castellano: *¿Realmente existe el infierno? Y otras preguntas sobre el juicio, la eternidad y el Dios de amor,* © 2018 por Editorial Portavoz, filial de Kregel Inc., Grand Rapids, Michigan 49505. Todos los derechos reservados.

Traducción: Rosa Pugliese

EDITORIAL PORTAVOZ
2450 Oak Industrial Drive NE
Grand Rapids, Michigan 49505 USA
Visítenos en: www.portavoz.com

ISBN 978-0-8254-5861-3 (rústica)
ISBN 978-0-8254-6745-5 (Kindle)
ISBN 978-0-8254-7566-5 (epub)

1 2 3 4 5 edición / año 27 26 25 24 23 22 21 20 19 18

Impreso en los Estados Unidos de América
Printed in the United States of America

Contenido

«Yo soy… el que vivo, y estuve muerto; mas he aquí que vivo por los siglos de los siglos, amén. Y tengo las llaves de la muerte y del Hades».

Apocalipsis 1:18

Introducción

Un día en las cataratas

El verano pasado, mientras viajábamos con mi familia por el estado de Nueva York, decidimos detenernos en las Cataratas del Niágara. La vista panorámica es impresionante.

Desde el mirador sobre el río Niágara se pueden ver tres cascadas gigantes. El volumen de agua que cae sobre las cataratas es incalculable. En un minuto caen 2.200 metros cúbicos de agua sobre el lado canadiense y 600 metros cúbicos sobre el lado estadounidense de las cataratas. El aire está lleno de rocío. El estruendo y el ruido son ensordecedores. Intenta imaginar cuántos litros de agua han caído sobre estas cataratas en los últimos cien años. Supera realmente nuestra capacidad de imaginación.

No obstante, mientras estaba allí mirando las cataratas, mi mente se desvió en otra dirección. En vez de pensar en la deslumbrante hermosura de la naturaleza, comencé a pensar en el horror del infierno. La humanidad es como un río que nace angosto y va creciendo a medida que transcurre la vida. Sin embargo, al igual que el río Niágara, al final, solo terminará en un lugar: en las cataratas.

Comencé a hacer cálculos. El año pasado murieron en el mundo más de 55 millones de personas. Eso es más de 150.000 por día, 6.300 por hora, 105 por minuto. Casi dos personas por segundo exhalan su último aliento de vida en este mundo. ¿Cuántos de ellos no son cristianos? Si hacemos una generosa estimación y afirmamos que la mitad de ellos son creyentes, entonces eso significaría, según la enseñanza cristiana tradicional, que cada día alrededor de 75.000 personas enfrentan una eternidad en «otro lugar», que no es el cielo.

Las preguntas correctas

Allí me quedé mirando el torrente incesante que fluía sobre el turbulento hervidero de agua en el fondo, y sentí que se me desgarraba el corazón. Pensé en la enorme cantidad de personas que muere, que pasa el umbral de la vida y termina, si la enseñanza cristiana es correcta, en el infierno. Y admito que luché con ese pensamiento. Mi lucha fue racional y humanitaria antes que bíblica.

Racional, porque simplemente no parece tener sentido. Observé las multitudes felices que tomaban helado y se divertían. ¿Qué podrían haber hecho para merecer tal destino? ¿Cómo podía ser que tantas personas tuvieran que someterse a semejante eternidad?

Humanitario, pues me pregunté ¿por qué Dios crearía seres humanos tan maravillosos, afables, dotados y encantadores, solo para arrojarlos al cúmulo de chatarra de la eternidad? Y una vez que comenzaron las preguntas, no se detuvieron. ¿Cómo podían ir tantas personas al infierno cada día? Fui un poco más profundo y me pregunté: «¿Cómo es posible que Dios se sintiera honrado por ese hecho?». Sé que Dios es bueno, amoroso y compasivo. Lo creo con todo mi corazón, sin ninguna duda. Sin embargo, cuando el rocío de las cataratas se posó sobre mi brazo apoyado en aquella baranda, no pude dejar de hacerme estas preguntas. «¿De qué manera sirve esto para mostrar la bondad, el amor y la misericordia de Dios?».

¿Alguna vez has luchado con estas preguntas? Estoy seguro que sí. Créeme, no eres el único. Igual que muchos otros, que han pensado detenida y seriamente en las enseñanzas de la Biblia sobre el infierno, seguramente te has hecho algunas preguntas difíciles. En ese momento de perplejidad en las Cataratas del Niágara no fue la primera vez que pensé en esto. Y no creo que sea la última. La idea del infierno, tal como se presenta en la Biblia, nos confronta con un pensamiento perturbador. Como una estrepitosa alarma, que se activa dentro de nuestra alma cuando surge el tema, nuestra mente comienza a acelerarse y nuestro corazón se aprieta. La gravedad del asunto no nos permite obviarlo.

¿Es verdad que la Biblia enseña que quienes rechazan a Cristo pasarán la eternidad soportando el tormento consciente del infierno como juicio sobre su pecado? Estas son preguntas que preferiríamos evitar, pero como seres humanos sensibles, es importante que las enfrentemos.

Y permíteme aclararlo: *estas también son preguntas adecuadas y correctas*. Si volviera el tiempo atrás veinte años, cuando aún no era cristiano, y me hablaras del infierno, es probable que me hubiera reído en tu cara. No deberíamos sorprendernos cuando las personas rechazan las grandes verdades del evangelio, ya sea que se enojen o se burlen. Si están abiertas a escuchar y pensar, tendrán que superar sus preocupaciones sobre el mensaje del evangelio, y esto llevará tiempo, paciencia y sinceridad. Las preguntas sobre el infierno no están prohibidas. Como cristianos debemos estar preparados para conocer y dar una explicación razonable de la Palabra de Dios:

> Estad siempre preparados para presentar defensa con mansedumbre y reverencia ante todo el que os demande razón de la esperanza que hay en vosotros (1 Pedro 3:15).

Pedro está imaginando que alguien te pregunta: «¿Por qué crees que irás al cielo cuando mueras?», y no quiere que nos quedemos en silencio o articulemos palabras incomprensibles. Entonces, antes de poder dar una defensa razonable de nuestra esperanza ante los demás, debemos ser capaces de responder las preguntas que estamos planteando. Interrogantes como qué sucede cuando morimos y el juicio que nos espera, así como la existencia y naturaleza del infierno son preguntas clave que necesitan una respuesta. Y detrás de todas estas preguntas hay otras más «de fondo» sobre el carácter de Dios. ¿Cómo puede Él ser un Dios de amor y al mismo tiempo un juez? ¿Cómo puede ser bueno y clemente, y al mismo tiempo hablar de una eternidad en el fuego del infierno?

La fuente correcta

Mencioné que mis preguntas eran racionales y humanitarias antes que bíblicas. Eso no significa que no fueran válidas, sino que estaban incompletas; porque, antes de comenzar a responder estas preguntas, debemos ver qué dice realmente la Biblia. Sospecho que muchos de nosotros tenemos una opinión del juicio y el infierno más formada por las obras de arte medievales, las caricaturas de las tiras cómicas o los aterradores sermones casi olvidados de los predicadores de fuego, que por las Escrituras. Al fin y al cabo, la Biblia es nuestra única fuente confiable de conocimiento sobre Dios y la forma en que revela la verdad a las personas.

Hace varios años, el popular orador, escritor y pastor Rob Bell provocó una gran controversia dentro del mundo cristiano con su libro *Love Wins* [El amor gana]. El libro comienza haciendo muchas de las mismas preguntas que planteo en esta introducción. Ante la gran cantidad de objeciones humanitarias y racionales que dan que pensar, Bell ofrece otra solución.

Favorece una posición similar que históricamente se ha llamado «universalismo»: que al final *todos* serán salvos y el infierno estará vacío. En este libro, llegaremos a una conclusión diferente. Sin embargo, no porque haya dejado de lado las preocupaciones humanitarias o racionales. Todo lo contrario. Cuando leemos la Biblia, encontramos que la mayoría de las enseñanzas sobre el infierno han salido de la boca de Jesús, el hombre más amoroso, compasivo y sabio de todos los tiempos.

Como cristianos, nuestra principal fuente autorizada de respuestas a preguntas como estas *debe* ser la Biblia en general y las enseñanzas de Jesús en particular. Como seres humanos, somos finitos; nuestro conocimiento y nuestra experiencia son limitados. Por lo tanto, dado que no conocemos el infierno por experiencia propia (felizmente) ni poseemos un conocimiento teórico, necesitamos una fuente que contenga dicho conocimiento. Durante siglos, los cristianos han recurrido a las Escrituras para obtener tales respuestas. Hacemos esto porque creemos que, en las Escrituras, Dios ha revelado todo lo que necesitamos saber para poder seguirlo con fidelidad. Esta doctrina, que se conoce como «la suficiencia de las Escrituras», enseña que tenemos lo que necesitamos para responder a las preguntas que necesitan respuesta. Y, como veremos, el infierno no es un tema sobre el cual Dios haya sido enigmático o poco claro, sino que ha mencionado este tema de forma repetida y clara. Esto nos alienta a estudiar y descansar confiadamente en lo que manifiesta la Palabra de Dios, en vez de agregarle, restarle o ignorarla por completo.

No culpo a Bell ni a otros por sus preguntas; yo también las hago. Sin embargo, no comparto la forma en que se responden las preguntas. Cuando rebajamos la enseñanza de las Escrituras, porque no se ajusta a nuestra cultura o nuestros sentimientos, o cuando parece no tener sentido, entonces dejamos de pensar como cristianos.

El tono correcto

El estudio del infierno exigirá nuestra voluntad de ser fieles a Dios y a su Palabra. Sin embargo, debemos ser fieles no solo en la doctrina, sino también en el tono con que la Biblia explica y comunica estas verdades.

Es muy posible que, lamentablemente, hayas encontrado cierto grado de frivolidad con respecto al tema del infierno. Por un lado, hay quienes no consideran la Biblia como la Palabra de Dios. Rechazan el concepto del infierno como irrisorio y ridículo, y tildan a los que creen en él de ignorantes y anticuados. Se lo ridiculiza con mofas y burlas, como la respuesta que recibí cuando le presentaba mis alegatos a un amigo incrédulo: «¿Por qué no voy a querer ir al infierno? Todos mis amigos estarán allí».

En el otro extremo, hay cristianos profesantes que, tristemente, parecen *deleitarse* en articular palabras de condenación y desgracia eterna sobre los que no pertenecen a la familia de la fe. Con una especie de sentido de alegría tergiversado, tratan con desprecio a los que caminan rumbo a la oscuridad eterna. Me horroriza. Espero que a ti también.

En cambio, hay una forma apropiada de hablar de este tema. Al enterarse de que su amigo había predicado sobre el infierno el día anterior, un pastor preguntó: «¿Lo predicaste con lágrimas?». Esta parece ser la pregunta indicada para evaluar nuestro corazón. Si abordamos este tema con seriedad y lágrimas en nuestros ojos, entonces estamos imitando al Señor. Él sabía que el juicio de Dios pronto caería sobre Jerusalén, porque los habitantes de la ciudad lo habían rechazado. ¿Fue su reacción indiferente? *No.* ¿Se alegró de que estuvieran yendo hacia la perdición? *No.*

> Y cuando llegó cerca de la ciudad, al verla, lloró sobre ella, diciendo: ¡Oh, si también tú conocieses, a lo menos en este tu día, lo que es para tu paz! Mas ahora está encubierto de tus ojos (Lucas 19:41-42).

Los que procuran seguir a Jesucristo deberían emular tanto su compasión por los demás como su interés en la gloria de Dios.

La respuesta a las preguntas

Seamos sinceros: el infierno es un tema sobre el que a muchos de nosotros nos incomoda hablar (o leer). Pensar en el sufrimiento eterno es perturbador, y con razón. Creo que esto es deliberado por parte de Dios. Pero no por eso vamos a dejar de hablar del tema. Considera el trabajo de un médico especialista en cáncer que pasa muchos años investigando, escribiendo y hablando sobre lo que sabe sobre tal enfermedad. ¿Por qué lo hace? Porque se preocupa por las personas y porque el cáncer es una amenaza real y grave para la vida. Descuidar su estudio es descuidar el propósito de su trabajo: cuidar a los demás.

Entonces, mientras analizamos juntos el infierno —tanto su veracidad como su inclemencia—, ¿quién se opondría a dedicar un poco de tiempo a entender mejor de qué se trata y ayudar a las personas a evitarlo?

Mientras investigaba y leía sobre este tema difícil, he hablado de él con varias personas diferentes, tanto cristianas como incrédulas. Ha sido interesante escuchar sus temores, sus luchas y sus preguntas. Un amigo, que es cristiano desde hace varias décadas, me indicó que esta enseñanza le causa más inquietud que cualquier otra de la Biblia. Una mujer con niños pequeños me comentó lo difícil que le resulta hablar del infierno con sus hijos. Un creyente anciano que, humanamente hablando, está más cerca de la muerte que otros, habló de sus persistentes dudas sobre el tema.

Otro amigo, que es un cristiano relativamente nuevo, me comentó que su conocimiento del infierno lo había llevado a una profunda preocupación por sus familiares y amigos incrédulos. Al conversar con ellos, siente el impulso de hablar con franqueza y hacer preguntas sobre la exclusividad de Cristo y la realidad del infierno. En una conversación con un amigo no cristiano, quería «ir al grano» —según sus propias palabras— y hablar de lo que la Biblia realmente enseña sobre el infierno. En mi pequeña prueba, he observado una tendencia tanto a la curiosidad como a la preocupación por el infierno. Todos nos beneficiaremos de tomarnos un tiempo para enfrentar nuestras preguntas y darnos la oportunidad de un análisis y debate posterior.

¿Qué veremos?

Mi objetivo con este libro no es hacer un estudio exhaustivo sobre lo que revela la Biblia sobre el juicio, el infierno y la vida más allá de la tumba. En cambio, mi intención es ofrecerte una perspectiva general, útil y práctica sobre las enseñanzas bíblicas con respecto a este tema. Mi deseo es que comprendas mejor lo que explica la Biblia sobre estos temas importantes y fundamentales, y que estés más preparado para responder preguntas.

No obstante, si eres cristiano, también espero que crezca en ti una ferviente gratitud al obtener una mayor comprensión de lo que el Señor soportó para rescatarte del infierno. Estamos planteando y respondiendo la pregunta más inquietante y popular: «¿Realmente existe el infierno?»; aunque en cada capítulo formularemos y contestaremos varias preguntas básicas.

- En el capítulo uno, consideraremos si el infierno es realmente un lugar o si es solo una imagen o metáfora de otra cosa.

- En el capítulo dos, veremos cómo es el infierno según Jesús y los otros escritores de la Biblia.
- En el capítulo tres, analizaremos detenidamente el porqué del infierno: «¿Es el infierno realmente necesario?».
- Luego veremos que el tema principal de la enseñanza bíblica no está orientado al infierno en sí, sino a cómo *evitar* el infierno.

Al final, intenté responder las objeciones y preguntas frecuentes sobre esta doctrina tan complicada.

En medio del ruido ensordecedor de las cascadas, mi corazón y mis pensamientos hervían con preguntas. ¿Me acompañas al mirador? Presentemos nuestras preguntas, inquietudes y preocupaciones en el único lugar donde encontrarán una resolución.

Capítulo 1

¿Realmente existe el infierno?

Había estado esperando aquella conversación desde que conocí a Daniel en el gimnasio hacía algunas semanas. Intercambiamos correos electrónicos y agendamos un tiempo para reunirnos a hablar de Dios. Daniel estaba ansioso por empezar a leer la Biblia conmigo y conocer sus enseñanzas. Hacia la mitad del almuerzo se inclinó hacia mí y me dijo: «Aclárame esto: *¿crees que realmente existe el infierno?*».

Había mencionado de pasada que debemos tener fe en Cristo y que Él es el único camino, y Daniel aprovechó para preguntar.

Le di una profunda respuesta teológica, que era sólida, bíblica y concisa.

Simplemente, le dije: *«Sí»*.

Sin embargo, aunque la respuesta era verdad y maravillosamente breve, no fue suficiente. Una pregunta tan importante requiere algunas connotaciones cautelosas y precisas. Tenía que preparar el terreno y remover la tierra, para proceder a plantar perfectamente la bandera de la respuesta.

Antes de ver la respuesta, déjame hacerte una pregunta. ¿Cómo responderías a Daniel? ¿Por dónde comenzarías?

Como ya hemos visto, cualquier conversación sobre el infierno requiere fidelidad bíblica tanto en la verdad como en el tono. Necesitamos comunicar el contenido correcto con el debido interés.

Entonces, sigamos adelante.

Un entendimiento cada vez mayor

Al recurrir a las Escrituras para nuestra respuesta, debemos recordar que la Biblia, si bien es un libro unificado con una extraordinaria continuidad, también es una colección de varios libros pequeños, que escribieron más de cuarenta autores en un período de más de 1.500 años. Y, como toda buena historia, la Biblia desarrolla sus conceptos, sus temas y su argumento a través del tiempo. Los teólogos lo llaman «revelación progresiva». En pocas palabras, significa que Dios revela más detalles sobre temas en particular a medida que transcurre el relato bíblico. Dios no manifiesta todo lo que necesitamos saber en los primeros capítulos de Génesis. Lo que Dios pudo haber revelado en forma de semilla en los primeros libros llega a su plena floración en libros posteriores, particularmente con la venida de nuestro Señor

Jesucristo. Un conocido ejemplo de esto es la historia de la Navidad, donde los ángeles anuncian a los pastores:

> Os ha nacido hoy, en la ciudad de David, un Salvador, que es CRISTO el Señor (Lucas 2:11).

Por fin, el hijo prometido de David nació y está en la ciudad de David (Miqueas 5:2). Sin embargo, este anuncio solo tiene tan tremendo peso porque se lo ha «rastreado» detalladamente a lo largo de la historia de la Biblia. La promesa del Salvador que Dios enviaría ha estado pululando desde el capítulo 3 de Génesis, cuando Adán y Eva pecaron por primera vez (Génesis 3:15). Dios había prometido un hijo de la línea de Eva que aplastaría a Satanás y, como resultado, aliviaría la maldición que habían temido y experimentado ese fatídico día.

Esta amplia promesa de un Salvador sería cada vez más específica a lo largo de la Biblia a medida que Dios revelara progresivamente más detalles de su Rey prometido. Por lo tanto, además de saber que la descendencia de Eva aplastaría la cabeza de la serpiente, descubrimos que también descendería de Abraham (Génesis 12:1-3), Isaac (22:15-18), Jacob (28:13-15), Judá (Génesis 49:9-10) y David (2 Samuel 7:12-16), y que nacería en la ciudad de David o Belén (Miqueas 5:2). La pequeña bellota de una idea en Génesis crece lentamente hasta convertirse en un enorme roble en el capítulo 2 de Lucas.

Y con el tema del infierno encontramos la misma lenta revelación a través del tiempo. Al estudiar toda la Biblia, vemos el desarrollo de una revelación progresiva, que forma y establece nuestra comprensión del infierno.

La enseñanza del Antiguo Testamento

Los escritores del Antiguo Testamento usan la palabra hebrea *Seol* para describir la tumba o el lugar de los muertos (p. ej., Génesis 37:35; Job 17:13-16; Salmos 6:5; 16:10; Isaías 14:11). Este lugar oscuro y sombrío no cuenta con muchos detalles; al principio parece que solo es una descripción genérica del «lugar al que van los muertos». Sin embargo, los lectores atentos notarán el concepto de algún tipo de separación entre los que son «injustos» o «malos» y «la congregación de los justos» —los que pertenecen al pueblo de Dios—, ya que, en cambio, están experimentando el juicio de Dios.

> Mas si Jehová hiciere algo nuevo, y la tierra abriere su boca y los tragare con todas sus cosas, y descendieren vivos al Seol, entonces conoceréis que estos hombres irritaron a Jehová.
>
> Y aconteció que cuando cesó él de hablar todas estas palabras, se abrió la tierra que estaba debajo de ellos. Abrió la tierra su boca, y los tragó a ellos, a sus casas, a todos los hombres de Coré, y a todos sus bienes. Y ellos, con todo lo que tenían, descendieron vivos al Seol,

y los cubrió la tierra, y perecieron de en medio de la congregación. Y todo Israel, los que estaban en derredor de ellos, huyeron al grito de ellos; porque decían: No nos trague también la tierra. También salió fuego de delante de Jehová, y consumió a los doscientos cincuenta hombres que ofrecían el incienso (Números 16:30-35).

Los malos serán trasladados al Seol, todas las gentes que se olvidan de Dios (Salmos 9:17).

Que la muerte les sorprenda; desciendan vivos al Seol, porque hay maldades en sus moradas, en medio de ellos (Salmos 55:15).

Porque el Seol no te exaltará, ni te alabará la muerte; ni los que descienden al sepulcro esperarán tu verdad (Isaías 38:18).

Porque como los cielos nuevos y la nueva tierra que yo hago permanecerán delante de mí, dice Jehová, así permanecerá vuestra descendencia y vuestro nombre. Y de mes en mes, y de día de reposo en día de reposo, vendrán todos a adorar delante de mí, dijo Jehová. Y saldrán, y verán los cadáveres de los hombres que se rebelaron contra mí; porque su gusano nunca morirá, ni su fuego se apagará, y serán abominables a todo hombre (Isaías 66:22-24).

> En aquel tiempo se levantará Miguel, el gran príncipe que está de parte de los hijos de tu pueblo; y será tiempo de angustia, cual nunca fue desde que hubo gente hasta entonces; pero en aquel tiempo será libertado tu pueblo, todos los que se hallen escritos en el libro. Y muchos de los que duermen en el polvo de la tierra serán despertados, unos para vida eterna, y otros para vergüenza y confusión perpetua (Daniel 12:1-2).

Aunque no está tan desarrollada como la visión más amplia que encontramos en el Nuevo Testamento, el concepto del infierno está presente y tiene una sorprendente similitud con la enseñanza del castigo, el confinamiento y la destrucción que la Biblia presenta más adelante.

La enseñanza del Nuevo Testamento

Sin embargo, cuando llegamos al Nuevo Testamento, contamos con muchos más detalles. Hay tres palabras griegas principales que se refieren al lugar de juicio, y a menudo se traducen como «infierno» en la Biblia: *Hades*, *Tártaro* y *Gehena*.

Hades

Hades es la palabra que más se usa, como *Seol* en el Antiguo Testamento para referirse a la tumba, el lugar donde van los muertos (Lucas 10:15; 16:23; Hechos 2:27; Apocalipsis 1:18; 20:13-14). *Hades* formaba parte de la historia en la mitología griega. Era el «dios» del inframundo, donde van las almas muertas, y su reino se hizo conocido por su nombre. En busca de una manera de expresar las verdades del Antiguo Testamento (AT) sobre la vida más allá de la tumba, los traductores del AT al griego escogieron la palabra *Hades*. Esto no significa que estuvieran de acuerdo con la mitología griega y sus «dioses», sino que era una palabra que las personas conocían y asociaban con la vida después de la muerte y el inframundo.

Tártaro

Tártaro es una palabra excepcional, que solo se emplea en 2 Pedro 2:4, cuando dice «arrojándolos al infierno». Se refiere al lugar literal donde sus ocupantes (aquí los ángeles caídos) están encadenados en oscuridad mientras esperan el juicio final. Una vez más, *Tártaro* tiene sus orígenes en la mitología griega. Era la parte del *Hades* donde arrojaban a los peores individuos: un profundo abismo que se usaba como una mazmorra de suplicio y tormento para los malvados. Los escritores de la Biblia usaron estas palabras conocidas para representar un concepto similar, aunque fundamentalmente distinto, de lo que sucede al morir. Hicieron uso de este lenguaje conocido en sus enseñanzas sobre el justo juicio de Dios para predicar el evangelio al mundo de habla griega.

Gehena

Finalmente, tenemos la palabra *Gehena*. Esta es la palabra más común en el Nuevo Testamento, aparece doce veces, casi siempre en las referencias procedentes de las enseñanzas de Jesús. Era una palabra que tenía un significado contemporáneo y proporcionaba un punto de referencia para explicar el juicio venidero.

Gehena era un lugar en el valle de Hinón en el lado sur de Jerusalén, donde se arrojaba y se quemaba toda la basura de la ciudad. El fuego allí siempre estaba ardiendo. Tal vez cuando Jesús enseñaba en el templo o en otro lugar, podía señalar la columna de humo negro que se alzaba en la distancia. Es una imagen contundente de basura que se arroja para que el fuego la consuma. El Señor Jesús emplea esta imagen para referirse a un lugar literal de castigo final para los que rechazan la Palabra de Dios.

Es importante notar que la mayoría de lo que los cristianos creen sobre el infierno proviene de la boca de Jesús. Muchas personas contrastan las enseñanzas de Jesús con las del Antiguo Testamento. Es común escuchar a las personas hablar de su preferencia por Jesús, porque es «mucho más amoroso» que el Dios del Antiguo Testamento.

Esta percepción sobre las Escrituras no es verdad.

Hay maravillosas promesas llenas de gracia a lo largo del Antiguo Testamento, como esta:

> ¡Jehová! ¡Jehová! fuerte, misericordioso y piadoso; tardo para la ira, y grande en misericordia y verdad; que guarda misericordia a millares, que perdona la iniquidad, la rebelión y el pecado (Éxodo 34:6-7).

Y hay repetidas y serias advertencias de la ira de Dios en el Nuevo Testamento. Si estudiamos las enseñanzas de Jesús con la vista puesta en este tema, descubriremos que parece estar totalmente acostumbrado a hablar del infierno. Se ha notado correctamente que Jesús habló más del infierno que del cielo. Es evidente que creía en la existencia del infierno y quería que otros también lo creyeran. En otras palabras, la doctrina del infierno no era solo un tema resuelto para el Señor Jesús, sino que también consideraba de vital importancia que sus oyentes lo comprendieran. Sus advertencias son tajantes:

> Pero yo os digo que cualquiera que se enoje contra su hermano, será culpable de juicio; y cualquiera que diga: Necio, a su hermano, será culpable ante el concilio; y cualquiera que le diga: Fatuo, quedará expuesto al infierno de fuego (Mateo 5:22).

Recomendaba a las personas que tomaran medidas extremas para asegurarse de no ir al infierno:

> Por tanto, si tu ojo derecho te es ocasión de caer, sácalo, y échalo de ti; pues mejor te es que se pierda uno de tus miembros, y no que todo tu cuerpo sea echado al infierno (Mateo 5:29).

Advertía contra los temores infundados y exhortaba a las personas a no temer al hombre que puede matar el cuerpo, sino:

> Temed a aquel que después de haber quitado la vida, tiene poder de echar en el infierno; sí, os digo, a éste temed (Lucas 12:5).

Entre personas que hablaban con tanta libertad como lo hacemos hoy, les enseñó sobre el día del juicio venidero, cuando:

> De toda palabra ociosa que hablen los hombres, de ella darán cuenta en el día del juicio (Mateo 12:36).

Jesús describió el día del juicio como el momento cuando un rey se sentará en su glorioso trono para separar a cada uno según sus obras. La consecuencia del desprecio por el rey y sus palabras es tremenda:

> Apartaos de mí, malditos, al fuego eterno preparado para el diablo y sus ángeles (Mateo 25:41).

Jesús tomó el título de juez y lo aplicó a sí mismo, al afirmar que Él tiene «autoridad de hacer juicio» (Juan 5:27).

Jesús también creía y enseñaba que habrá una resurrección corporal física de todas las personas:

> No os maravilléis de esto; porque vendrá hora cuando todos los que están en los sepulcros oirán su voz; y los que hicieron lo bueno, saldrán

a resurrección de vida; mas los que hicieron lo malo, a resurrección de condenación (Juan 5:28-29).

Observa que Jesús está manifestando que *todos* resucitarán y tendrán vida en el día postrero. En ese momento habrá una distinción entre los que hicieron el bien y los que hicieron el mal. Quienes hicieron el bien son simplemente los que recibieron el mensaje del evangelio, al poner su fe en Cristo y arrepentirse de sus pecados. Los malos, por otro lado, son los que han muerto en sus pecados, al rechazar el gobierno de Dios sobre sus vidas. Los que son perdonados heredan la vida eterna, y los que no son perdonados heredan el juicio eterno.

Supongo que el Señor Jesús hablaba de manera tan franca, directa y clara sobre el infierno porque sabía que era real y no quería que *nadie* fuera allí. De hecho, es la misma razón por la que vino: para que nadie *tenga* que ir al infierno.

La historia del infierno

A lo largo de la historia de la iglesia, esta doctrina —muerte, luego resurrección, luego juicio, luego separación basada en la fe en Cristo— ha sido la creencia predominante entre los cristianos. No fue hasta estos tiempos modernos que comenzó a cuestionarse esta visión de las enseñanzas de Jesús. Las principales líneas de desacuerdo se han presentado en tres formas:

- El **universalismo** cree que al final todas las personas serán salvas, independientemente de la falta de arrepentimiento y fe en Cristo.
- La **inmortalidad condicional** sostiene que solo los cristianos reciben el don de la inmortalidad, mientras que no es así con los no cristianos (y, por consiguiente, su existencia termina cuando mueren).
- El **aniquilacionismo** indica que los que no son cristianos experimentarán un período de sufrimiento después de la muerte, pero después de un tiempo serán aniquilados.

Trataremos cada una de estas ideas más adelante en el libro,[1] pero, por ahora, es importante notar que Jesús no solo habla del cielo en términos eternos, sino también del juicio en el infierno.

> E irán éstos al castigo eterno, y los justos a la vida eterna (Mateo 25:46).

Si tuviéramos que resumir y sintetizar las enseñanzas de Cristo sobre el tema del infierno, sería sencillo y consecuente con el resto de los escritores de la Biblia. Las imágenes y el lenguaje gráfico que utilizó para describirlo muestran que Jesús creía que el infierno era un lugar de castigo, destrucción y confinamiento. Un escritor lo resume así:

1. Ver Apéndice 1: Puntos de vista alternativos sobre el infierno.

> El castigo a menudo se presenta como retribución, juicio, sufrimiento y tormento en el fuego. La destrucción con frecuencia se describe como perecer, morir o la segunda muerte. El confinamiento, por lo general, se representa como la separación del reino de Dios, la exclusión de la presencia de Dios o el alejamiento de algo vivo.[2]

Nuestro instinto de apartarnos de lo que nos parece una doctrina dura e intransigente genera un problema. Es incoherente que rechacemos la clara enseñanza bíblica sobre el juicio y el infierno mientras aceptamos su enseñanza complementaria sobre el perdón y el cielo.

Muchos preguntan si se puede disminuir la severidad del infierno mediante una visión de inmortalidad condicional o aniquilación; pero estas posturas son difíciles de sostener a partir de una simple lectura de las Escrituras. Está claro que todas las personas resucitarán en el día postrero. Sabemos que todos enfrentaremos el juicio (Hebreos 9:27). Y sabemos que el día del juicio será una experiencia horrible para aquellos que han rechazado a Cristo. *¿Pero después qué?*

En la historia de Jesús sobre las ovejas y los cabritos, se usa la misma palabra griega en ambos casos; tanto el castigo de los malos como la bendición de los justos son *eternos* (Mateo 25:46). Los dos están directamente relacionados. Si bien comprendo y empatizo

---

2. Christopher W. Morgan y Robert A. Peterson, *Hell under fire: modern scholarship reinvents eternal punishment* (Grand Rapids, MI: Zondervan, 2004).

con los que se sienten inquietos con esta doctrina, no puedo manipular la clara enseñanza de Jesús para buscar un alivio de la espantosa realidad del infierno. El verdadero amor al prójimo está basado en el amor a Dios y su Palabra; no puede venir a expensas de estos.

Dejemos que Dios responda nuestras preguntas

Volviendo a la conversación con mi amigo Daniel, lo que estaba claro es que quería respuestas directas con fundamento bíblico. Si bien mi respuesta inicial puede haberlo sorprendido un poco, también estaba intrigado. Quería saber más. Quería saber qué creen los cristianos y por qué. Estaba buscando la verdad. Si aún no eres cristiano, no te dejes desanimar por respuestas con las que inicialmente no estés de acuerdo. En lugar de rechazarlas sin más explicaciones, profundiza en ellas un poco más. Consulta sus fuentes originales y estudia lo que enseñan. Haz tu mejor esfuerzo para entender lo que dice la Biblia. Puedo asegurarte que no será una pérdida de tiempo.

Por otro lado, si ya eres cristiano, la Biblia enseña que debes ser capaz de dar una respuesta razonable de lo que crees y por qué lo crees (1 Pedro 3:15). La misión de buscar la verdad no termina cuando te conviertes en un seguidor de Cristo, sino que en realidad es cuando empieza en serio. Como discípulos de Jesús, seguimos buscando la verdad bíblica de tal manera de crecer en su conocimiento y comprensión (2 Pedro 3:18). Lo hacemos por amor a Dios y al prójimo.

Ya sea que estés buscando respuestas como alguien que todavía está investigando la fe cristiana o que ya seas cristiano, esta es una misión digna de emprender. La Biblia es una guía confiable. Mientras seguimos adelante, le pido a Dios que te dé entendimiento y sabiduría al estudiar esta importante doctrina, que a la vez invita a la reflexión.

Capítulo 2

¿Cómo es el infierno?

Al estudiar lo que dice la Biblia sobre la naturaleza del infierno, estoy seguro de que comenzarán a filtrarse en tu mente varios «¿por qué?». Aunque sea difícil, te pido que guardes esas preguntas hasta que lleguemos al próximo capítulo; sería bueno que las anotes para que no las olvides. En este capítulo solo trataremos el «¿cómo?», mientras que en el próximo capítulo veremos «el porqué».

Podemos resumir las enseñanzas bíblicas sobre el infierno como el lugar literal donde Dios administra el castigo consciente y eterno a aquellos que han pecado contra Él. Vamos a analizar esta afirmación en detalle.

¿Cuánto tiempo durará el infierno?

A la luz de las aterradoras descripciones del infierno, se desprende que una pregunta importante a responder es su duración. *¿Cuánto tiempo durará?*

La Biblia enseña que el infierno durará para siempre.

En otras palabras, será por la eternidad. Considera estos versículos:

> [Jesús dijo]: ¡Ay del mundo por los tropiezos! porque es necesario que vengan tropiezos, pero ¡ay de aquel hombre por quien viene el tropiezo! Por tanto, si tu mano o tu pie te es ocasión de caer, córtalo y échalo de ti; mejor te es entrar en la vida cojo o manco, que teniendo dos manos o dos pies ser echado en el fuego eterno. Y si tu ojo te es ocasión de caer, sácalo y échalo de ti; mejor te es entrar con un solo ojo en la vida, que teniendo dos ojos ser echado en el infierno de fuego (Mateo 18:7-9).

Cristo nos exhorta a sopesar el beneficio de vivir esta vida temporal con cierto grado de dificultad personal, comparado al sufrimiento de las consecuencias del infierno eterno. El contraste central es entre la tribulación temporal y el castigo eterno. Como otros han observado, un día en el infierno será mucho peor que una vida de sacrificio personal.

En un pasaje importante al final del Evangelio de Mateo, Jesús señala el paralelo entre la vida eterna y el infierno eterno. La duración del cielo y la del infierno se corresponden.

> Cuando el Hijo del Hombre venga en su gloria, y todos los santos ángeles con él, entonces se sentará en su trono de gloria, y serán reunidas

> delante de él todas las naciones; y apartará los unos de los otros, como aparta el pastor las ovejas de los cabritos. Y pondrá las ovejas a su derecha, y los cabritos a su izquierda. Entonces el Rey dirá a los de su derecha: Venid, benditos de mi Padre, heredad el reino preparado para vosotros desde la fundación del mundo... Entonces dirá también a los de la izquierda: Apartaos de mí, malditos, al fuego eterno preparado para el diablo y sus ángeles... E irán éstos al castigo eterno, y los justos a la vida eterna (Mateo 25:31-46).

Es similar a lo que escribió el profeta Daniel.

> En aquel tiempo se levantará Miguel, el gran príncipe que está de parte de los hijos de tu pueblo; y será tiempo de angustia, cual nunca fue desde que hubo gente hasta entonces; pero en aquel tiempo será libertado tu pueblo, todos los que se hallen escritos en el libro. Y muchos de los que duermen en el polvo de la tierra serán despertados, unos para vida eterna, y otros para vergüenza y confusión perpetua (Daniel 12:1-2).

La carta de Judas en el Nuevo Testamento habla de una oscuridad que durará para siempre.

> Fieras ondas del mar, que espuman su propia vergüenza; estrellas errantes, para las cuales

está reservada eternamente la oscuridad de las tinieblas (Judas 13).

En el libro de Apocalipsis leemos que el humo sube por los siglos de los siglos y que el tormento también es por la eternidad.

> Y el tercer ángel los siguió, diciendo a gran voz: Si alguno adora a la bestia y a su imagen, y recibe la marca en su frente o en su mano, él también beberá del vino de la ira de Dios, que ha sido vaciado puro en el cáliz de su ira; y será atormentado con fuego y azufre delante de los santos ángeles y del Cordero; y el humo de su tormento sube por los siglos de los siglos. Y no tienen reposo de día ni de noche los que adoran a la bestia y a su imagen, ni nadie que reciba la marca de su nombre (Apocalipsis 14:9-11).

Es importante notar aquí que el juicio que reciben los incrédulos en el infierno se corresponde con el juicio eterno sobre la bestia, el falso profeta y el diablo.

> Y el diablo que los engañaba fue lanzado en el lago de fuego y azufre, donde estaban la bestia y el falso profeta; y serán atormentados día y noche por los siglos de los siglos (Apocalipsis 20:10).

Cuando recurrimos a la Biblia para responder a nuestra pregunta sobre la duración del infierno, encontramos una respuesta abrumadora: *el infierno dura para siempre*. Es eterno.

La experiencia del infierno

En ocasiones las personas experimentan un dolor tan intenso hasta el punto en que se desmayan. En realidad, es el resultado de la gracia habitual de Dios que nos ayuda a lidiar con el dolor. En su diseño, nuestro sistema nervioso regula nuestra presión arterial. El intenso dolor produce una disminución en la presión arterial y su correspondiente disminución de flujo sanguíneo al cerebro. Dios nos ha dado un «sistema de apagado» físico, que alivia nuestro cuerpo y nuestra mente cuando experimentamos un intenso dolor físico.

Cuando pensamos en el infierno y en el hecho de que durará para siempre, nos enfrentamos con esta verdad aleccionadora: la realidad del infierno implica más dolor del que podemos imaginar. En nuestra vida terrenal, incluso aquellos con mayor resistencia al dolor finalmente se desmayan del dolor físico. Sin embargo, en el infierno, independientemente de nuestra tolerancia al dolor actual, todos los que allí sufran no tendrán un momento de alivio de ese tormento. Sin duda, esto nos invita a pensar.

Que el humo te llegue a los ojos

Hace años estaba trabajando con algunos estudiantes universitarios. En una de nuestras actividades, encendimos una enorme fogata junto a un lago. Mientras estábamos reunidos alrededor de la fogata para estudiar y debatir sobre la Biblia, algunos jóvenes fueron a buscar más leña para mantener el fuego encendido. Sin darse cuenta, arrojaron al fuego una pila de troncos húmedos. El resultado, como te puedes imaginar, fue un nivel de humo bastante molesto. En un momento, el viento cambió y nuestra tarde alrededor de la fogata se convirtió en una odisea. Junto a otros, me levanté ahogado, sin poder hablar, con los ojos enrojecidos, e hice todo lo que pude para escapar. Lo que comenzó como una hermosa velada se convirtió en una catarsis de tos. El humo había dominado nuestros sentidos.

Cuando los escritores de la Biblia (en especial el Señor Jesús) hablan del infierno, emplean descripciones sumamente vívidas para retratar su agonía. El reformador Juan Calvino sugirió que parecía como si Dios usara estas expresiones «para conmocionar todos nuestros sentidos mediante el temor». En otras palabras, la intención de Dios al emplear un lenguaje tan llamativo es tener el control de nuestros sentidos. En las Escrituras, Dios se comunica de tal manera que pretende dominar nuestros sentidos. Al igual que una fogata humeante, no podemos evitar que nos afecte. Jesús, en su amor, quiere que el humo nos llegue a los ojos.

A la luz de lo que hemos visto, considera nuevamente las imágenes vívidas asociadas con el infierno en las Escrituras.

En el infierno hay:

- lloro y crujir de dientes (Mateo 8:12; 22:13);
- un horno de fuego (Mateo 13:42, 50);
- fuego que nunca se apagará (Mateo 3:12; Marcos 9:43; Isaías 66:24);
- tinieblas de afuera (Mateo 22:13).

En una parábola que representa el sufrimiento de los injustos después de la muerte, Jesús contó la historia de un hombre que había sido rico en esta vida pero que sufría en la eternidad. Vale la pena leerla en su totalidad y reflexionar sobre ella:

> Había un hombre rico, que se vestía de púrpura y de lino fino, y hacía cada día banquete con esplendidez. Había también un mendigo llamado Lázaro, que estaba echado a la puerta de aquél, lleno de llagas, y ansiaba saciarse de las migajas que caían de la mesa del rico; y aun los perros venían y le lamían las llagas. Aconteció que murió el mendigo, y fue llevado por los ángeles al seno de Abraham; y murió también el rico, y fue sepultado. Y en el Hades alzó sus ojos, estando en tormentos, y vio de lejos a Abraham, y a Lázaro en su seno. Entonces él, dando voces, dijo: Padre Abraham, ten misericordia de mí, y envía a Lázaro para que moje la punta de su dedo en agua, y refresque mi lengua; porque estoy atormentado en esta llama. Pero Abraham le dijo: Hijo, acuérdate que recibiste tus bienes en tu vida, y Lázaro también males; pero ahora

> éste es consolado aquí, y tú atormentado. Además de todo esto, una gran sima está puesta entre nosotros y vosotros, de manera que los que quisieren pasar de aquí a vosotros, no pueden, ni de allá pasar acá (Lucas 16:19-26).

El hombre pide misericordia y suplica que envíen a alguien «para que moje la punta de su dedo en agua, y refresque mi lengua; porque estoy atormentado en esta llama»; pero no hay posibilidad de alivio. El lenguaje empleado aquí es tan descriptivo que casi se puede sentir el dolor del crujir de dientes, oler el fuego que arde, ver las llamas que flamean y escuchar los gritos de agonía en busca de alivio. Las descripciones del infierno de la pluma divina son dramáticas.

Y resalta la mortificación que experimentaban quienes estaban en el infierno: la agonía por su rechazo a Dios, el arrepentimiento por una vida desperdiciada y la angustia de ver la gloria y la maravilla del cielo en las que nunca podrán participar. Fueron creados para una relación de amor con Dios y el prójimo, pero deben soportar la mera existencia sin nada de eso.

Leer estas palabras de Jesús y escribir este resumen y explicación me afecta, incluso me angustia. Todo esto es realmente terrible. Para ser sincero, mi reflejo natural es pasar por alto este tema o, al menos, suavizarlo. Es *tan* terrible que quiero que parezca menos horroroso, menos malo.

Sin embargo, como hemos visto, esto es lo que nuestro amoroso Señor Jesús y toda la Biblia enseñan. Por lo tanto, por perturbador que sea, debemos aceptarlo como la verdad. Para nosotros «despojar» la Biblia de sus estrepitosos juicios no es bueno, sino malo. Y suavizar las aristas filosas de las Escrituras con respecto al infierno no es señal de humildad ni de amor. En definitiva, es señal de orgullo porque es afirmar que sé más que Dios. Y no es amor porque oculta la verdad a los ojos de las personas mientras cambia la propia Palabra de Dios.

No está mal sentir inquietud o incluso repulsión y hacernos preguntas difíciles, pero debemos estar seguros de recurrir a la Biblia en busca de las respuestas, y al hacerlo dejar que Dios diga *su* verdad en *sus* términos. Recuerda que los pensamientos de Dios no son nuestros pensamientos (Isaías 55:8). Él tiene una razón para ello. Las imágenes utilizadas para describir el infierno son deliberadamente intrusivas; tienen la intención de tomar control de nuestros sentidos para, finalmente, hacer que nuestra alma se incline ante la Palabra de Dios.

¿Quién está al mando?

Hasta este momento, no he planteado una pregunta fundamental: ¿quién está al mando del infierno? Hemos considerado la existencia del infierno y lo que dice la Biblia de su naturaleza, pero no hemos considerado de quién fue la idea. Y si el infierno es el resultado de un autor intelectual, entonces ¿por qué? Vamos a profundizar y abordar esta pregunta en el capítulo siguiente.

Capítulo 3

El porqué del infierno

«No, no creo que un Dios bueno mande a la gente al infierno».

Mientras hablaba de la Biblia con mi barbero, me expresó una opinión que muchos sostienen hoy. Aprecié su sinceridad y franqueza, así como su dominio propio mientras sostenía las tijeras a centímetros de mi oreja. Al sondear un poco más, su razonamiento se hizo evidente: no creía que las personas merecieran tal condena y tampoco que un Dios bueno pudiera hacer una cosa así. En otras palabras, su problema tenía que ver con lo que nosotros, como personas, nos merecemos y con quién es Dios.

Es importante que recordemos estos aspectos polémicos en la pregunta de mi barbero; creo que es la cuestión de fondo de muchos sobre este tema. La Biblia (y la mayoría de los cristianos a lo largo de la historia de la iglesia) sostiene que Dios creó el infierno, manda a la gente al infierno en juicio y se encargará de que dure toda la eternidad.

Es muy difícil de asimilar.

Aquí en este capítulo trataremos de descubrir por qué el infierno es necesario. Para ello, debemos empezar con una comprensión bíblica de quién es Dios y por qué nunca mandaría a alguien al infierno en juicio.

¿Quién es Dios?

Al principio de la Biblia, cuando el pueblo de Dios vivía bajo esclavitud en Egipto, Dios se encontró con Moisés. Lo envió a hablar con el faraón y a liberar al pueblo de Israel de su cautiverio (Éxodo 3). Esta escena, conocida como la «zarza ardiente», retrata algunas de las dificultades que tenemos para responder: ¿quién es Dios? Moisés pregunta cómo debe explicar al pueblo de Israel quién es Él. Dios le responde que debería decirles que Él es el Dios de Abraham, Isaac y Jacob, y luego, de manera enigmática, agrega:

> ... YO SOY EL QUE SOY... Así dirás a los hijos de Israel: YO SOY me envió a vosotros (Éxodo 3:14).

«Yo soy el que soy» es el significado del nombre de Dios *Yavé*. También se puede traducir «Yo seré el que seré». El énfasis es que Dios no solo *dice* quién es, sino que *revela* quién es mediante lo que hace y cómo se relaciona con su pueblo. Hemos visto que hay una revelación progresiva de la realidad del infierno a través de la historia de la Biblia. De la misma manera, hay una revelación progresiva del *carácter* y los *propósitos* de Dios a través de la historia de la Biblia en su trato con el pueblo de Israel. La Biblia es el registro de dicha revelación, que alcanza su punto culminante con la venida de Jesús, que es «la imagen del Dios invisible» (Colosenses 1:15).

Al igual que Moisés, que fue antes que nosotros, necesitamos revelación, y la encontramos en las Escrituras, especialmente en la vida y las enseñanzas de Jesús.

El carácter de Dios

- **Dios es eterno.** Afirmar que Dios es eterno es decir que no tiene principio ni fin. Jamás hubo un tiempo en que Dios no existiera, ni jamás lo habrá (Salmos 90:2).

- **Dios es infinito.** Dios es omnipresente y omnipotente. En otras palabras, Dios no está limitado por el espacio o el tiempo; todo lo que Dios creó está en su presencia (Salmos 139:7-10). Afirmar que Dios es omnipotente es decir que nada es difícil para Él (Jeremías 32:17); el Señor es todopoderoso.

- **Dios es inmutable.** En un mundo que cambia continuamente, Dios es la constante inmutable. Dios no cambia en términos de quién es y tampoco cambia de opinión (Números 23:19; Salmos 102:27; Malaquías 3:6). Dios no evoluciona, no mejora ni necesita una actualización. Dios «es el mismo ayer, y hoy, y por los siglos» (Hebreos 13:8).

- **Dios es santo.** La santidad transmite la idea de estar apartado o separado. Dios se mantiene apartado del pecado debido a que es moral y absolutamente puro (Isaías 6:1-3). No tiene ni el más mínimo pecado. De hecho, es muy limpio de ojos para ver el mal (Habacuc 1:13). Sin embargo, Dios no solo es moralmente puro y se mantiene apartado del pecado, ¡sino que está separado de todo! Está separado en su ser como Dios; se distingue de nosotros por su propia naturaleza.

- **Dios es justo.** Es un Dios de justicia; siempre hace lo que es justo y recto (Deuteronomio 32:4). Dios declara lo que considera justo a través de lo que está revelado en su Palabra (Salmos 19:7-8; Daniel 9:14). Basados en la justicia de Dios, podemos esperar que Dios no actúe de una manera que contradiga su propio carácter. Por ejemplo, no puede hacer ni hará nada que sea profano. Para hacerlo, tendría que negarse y contradecirse a sí mismo. Y eso es imposible.

- **Dios es bueno.** La Biblia enseña que Dios es bueno y solo hace el bien (Salmos 119:68). No tenemos parámetro de bondad más alto que Dios mismo (Marcos 10:18). Por lo tanto, debemos tener cuidado de no poner un parámetro secundario por encima de Dios al evaluar su bondad. Todo lo que Dios hace es bueno, porque Él es bueno. Su bondad es santa y justa.

- **Dios es amoroso.** Cuando pensamos en el amor de Dios, es normal pensar en su amor por la creación, pero debemos recordar que Dios amaba antes de Génesis 1:1. ¿Recuerdas la oración de Jesús en Juan 17?

Padre, aquellos que me has dado, quiero que donde yo estoy, también ellos estén conmigo, para que vean mi gloria que me has dado; porque me has amado desde antes de la fundación del mundo (Juan 17:24).

Antes que Dios creara al ser humano, disfrutaban del amor entre la Trinidad (Padre, Hijo y Espíritu Santo). Él es un Dios eternamente amoroso. Dios se ama a sí mismo y ama a su creación. De modo que no nos sorprende que el apóstol Juan manifestara que «Dios es amor» (1 Juan 4:8).

- **Dios es celoso de su gloria.** ¿Te parece extraño que diga que Dios *se ama a sí mismo*? A primera vista, podrías sentirte tentado a pensar que, en cierta manera, es una afirmación pecaminosamente egoísta. Sería una conclusión adecuada si Dios fuera cualquier otro menos Dios. Cuando tú y yo nos amamos, estamos actuando de manera pecaminosa: estamos siendo egoístas. Sin embargo, cuando Dios lo hace, está actuando sencillamente como Dios. No amarse a sí mismo sería una negación de su supremacía y una contradicción de su carácter. Por eso vemos a Dios hablar de su celoso amor por su gloria a lo largo de toda la Biblia.

Yo Jehová; este es mi nombre; y a otro no daré mi gloria, ni mi alabanza a esculturas (Isaías 42:8).

Por mí, por amor de mí mismo lo haré, para que no sea amancillado mi nombre, y mi honra no la daré a otro (Isaías 48:11).

No tendrás dioses ajenos delante de mí (Éxodo 20:3).

Dios actúa con un continuo respeto por la promoción de su gloria.

Cuando pensamos en el infierno, debemos empezar por entender correctamente quién es Dios. No pretendo haber agotado el tema aquí, sino más bien haberlo sometido a debate. Para resumir: Dios no tiene principio ni fin (es eterno), es todopoderoso y está presente en todas partes (es infinito), no cambia, es moralmente puro y está apartado (es santo), siempre es justo (es recto), en todo tiempo es bueno y hace el bien, es amoroso y está celosamente comprometido con su propia gloria.

Es importante observar que a estas alturas del debate no hay necesidad de infierno. Solo estamos hablando de quién es Dios. En otras palabras, el infierno no es esencial para el carácter de Dios. Sin embargo, el infierno es la *respuesta inherente* del carácter de Dios al pecado.

Una declaración como esta requiere una consideración cuidadosa no solo del carácter de Dios, sino también del pecado de la humanidad. Si la Biblia enseña que el pecado garantiza un castigo como el infierno, entonces debemos estar seguros de que también lo entendemos correctamente.

¿Qué es el pecado?

Mira a tu alrededor hoy y tendrás una impresión muy distinta del pecado comparado a cómo se describe en la Biblia.

El pecado no nos hace sonrojar como lo hacía en las generaciones pasadas. En cambio, la mención de la palabra se considera una inteligente comercialización, porque la mayoría de las personas se siente atraída por el pecado, en lugar de sentir repulsión por él. Algunos hablan con cariño de Las Vegas como la «ciudad del pecado». He visto prendas de vestir en tiendas de ropa convencionales con diseños creativos sobre el pecado, que se exhiben a la vista de los clientes.

En mi propia ciudad hay un restaurante que comercializa con palabras referentes al pecado. *Sinful Burger* se jacta de sus hamburguesas «malignamente deliciosas». En este restaurante, donde «lo malo nunca supo tan bien», puedes disfrutar de hamburguesas llamadas Codicia, Lujuria, Orgullo y Pereza. Si realmente estás preparado para un reto pecaminoso, tenemos la enorme hamburguesa Hades. Si hablas de pecado en términos que comuniquen responsabilidad moral, a menudo te encontrarás con miradas de sorpresa. Cualquier implicación de haber pecado y de merecer las debidas consecuencias se considera anticuada y exageradamente conservadora.

Una causa de la dilución del concepto del pecado es que nuestro entendimiento contemporáneo de él se ha relativizado. Creemos que el pecado es *lo que hacen las personas malas de verdad*. El pecado es para personas como Hitler, Stalin y miembros de ISIS. Es para los que ha quedado demostrado que son malos y para los que han sido universalmente reprobados. Leí acera de una familia conocida que había perdido trágicamente a su hijo en un accidente automovilístico. Mientras estaban hablando de su pérdida en un programa televisado al público, robaron su casa. Al informar la noticia, un periodista manifestó que había «un lugar especial en el infierno» reservado para personas que se aprovechaban de otros en situaciones como esa.

Es extraño lo que pensamos del infierno y el pecado. Por un lado, nos hace reír y sentirnos mejor con nosotros mismos y, por otro lado, nos asegura que las personas malas recibirán el castigo que merecen. En este escenario común de la manera de pensar y hablar del pecado, hay dos personas que están completamente alejadas del debate: *Dios* y *nosotros*. Esta es la razón por que debemos permitir que la Biblia defina correctamente nuestra comprensión de qué es el pecado y cómo repercute en lo profundo de nuestro propio corazón.

¿Qué enseña la Biblia sobre el pecado?

El pecado se usa de diferentes maneras en la Biblia. En el versículo quizá más conocido, se describe como **errar el blanco**:

> Pues todos hemos pecado; nadie puede alcanzar la meta gloriosa establecida por Dios (Romanos 3:23, NTV).

Dar en el blanco es el parámetro de Dios de obediencia a su Palabra; todos hemos fallado, no hemos dado en el blanco. Como un arquero que falla el tiro y no da en el blanco, la humanidad ha errado por completo: está hundida en el fango sin poder alcanzar la meta.

El pecado también se describe como **una transgresión**. La palabra que se usa aquí es «delitos»:

> Y cuando estabais muertos en vuestros delitos... os dio vida juntamente con Él, habiéndonos perdonado todos los delitos (Colosenses 2:13, LBLA).

Como una valla alrededor de una propiedad establece sus límites, asimismo la Palabra de Dios establece sus límites de lo correcto y lo incorrecto; lo bueno y lo malo; lo sano y lo enfermizo; lo que lleva a la vida y lo que lleva a la muerte. Cuando pecamos, estamos trasgrediendo los límites que Dios ha establecido para su creación.

En una concisa definición, el apóstol Juan describe el pecado como **una infracción de la ley de Dios**.

> El pecado es infracción de la ley (1 Juan 3:4).

Literalmente, esta palabra traducida «infracción» significa «en contra de la ley». El pecado actúa en contra de la ley de Dios. Cuando pecamos, no solo quebrantamos su ley, sino que demostramos que no nos importa.

El pecado también se describe como **una deuda**. Jesús usa este término en lo que conocemos como el Padrenuestro. Enseña a sus seguidores a orar al Padre y pedir perdón de sus deudas (Mateo 6:12). La palabra para deuda se puede usar para expresar una obligación financiera (Romanos 4:4). Este concepto es común a todas las edades, y Jesús lo expone aquí para expresar nuestra obligación en un sentido moral. Nuestro pecado nos pone en deuda con Dios, y debemos pagar el precio.

Podemos resumir las enseñanzas de la Biblia sobre el pecado con tres preguntas que nos llevan a una cuarta.

- ***¿Quiénes pecan?*** La Biblia manifiesta claramente que cada persona de esta tierra ha pecado. Somos pecadores por naturaleza (Efesios 2:1) y por obra (Efesios 2:2-3).
- ***¿Cómo pecamos?*** Pecamos al no obedecer la Palabra de Dios.
- ***¿Contra quién pecamos?*** Si bien el pecado puede y a menudo tiene implicaciones interpersonales, es principalmente contra Dios (Salmos 51:4).

El pecado es lo que hacen todas las personas cuando quebrantan la ley de Dios en rebelión contra Él. La cuarta pregunta es la siguiente: ***¿Cuáles son las consecuencias inevitables?***

En este planteamiento del porqué del infierno, hemos observado que las preguntas sobre quién es Dios y qué es el pecado son centrales. Hasta ahora hemos visto brevemente ambas. Ahora las combinaremos y veremos cómo se conjugan para definir nuestra comprensión del infierno.

La bondad de Dios requiere justicia

¿Recuerdas la objeción de mi barbero a la doctrina bíblica del infierno? Su argumento era que un Dios bueno no podía mandar a las personas al infierno. Este comentario es notablemente perceptivo. Si bien creo que llegó a la conclusión equivocada, considero que puso el dedo sobre un tema central. El debate sobre la razón del infierno gira en torno a la bondad de Dios y el pecado de la humanidad. ¿Qué tan bueno es Dios? Y, ¿qué tan malos somos nosotros?

Dicho de otro modo. No creo que la enseñanza bíblica del infierno aleje a las personas, sino el mensaje del evangelio. La gente se ofende por lo que dice la Biblia de nuestro pecado y lo que merecemos a la luz del carácter de Dios. Reconozco que este es un pensamiento radical, pero el infierno no es tan ofensivo como la santidad, la bondad y el celo de Dios por su propia gloria.

Pensemos en un juez terrenal. Supongamos que hay un juez que está escuchando el caso de un ejecutivo empresarial que ha malversado millones de dólares y estafado a sus compañeros de trabajo con sus ahorros y pensiones. El juez oye horas de testimonios de víctimas arruinadas y afligidas. Los hechos del caso son innegables, pero después de todo lo dicho, declara que el ejecutivo no es «culpable». Al pronunciar el veredicto, sonríe afectuosamente al acusado y le dice: «Felicidades, queda libre».

Podemos imaginar la escena. El tribunal estaría alborotado y, al final, cuestionarían duramente al juez y tal vez lo despedirían de sus funciones. Sin embargo, piensa en cuánto mayor sería la indignación si al preguntarle por qué dejó ir al infame delincuente, respondiera: «Porque soy un juez bueno». Nadie estaría de acuerdo con el fallo del juez.

En un caso donde alguien es claramente culpable, declarar que es «inocente» sería una burda falta de justicia. No importa lo bueno que el juez pueda pensar que es, si deja libre al culpable, está demostrando que no es bueno, sino malo, injusto y perverso. Surgirían especulaciones justificables sobre la posibilidad incluso de haber aceptado un soborno del pudiente acusado. Todos concordarían en que este juez es cualquier cosa menos bueno.

¿Cómo es posible que haya personas que difieran tanto en su comprensión de la bondad en lo que respecta a Dios? La mayoría de la gente reconoce (incluso de mala gana) que es imperfecta a los ojos de Dios. Muchos incluso estarán de acuerdo en que han pecado, pero decir que se merecen el infierno... eso ya es demasiado. Están poniendo el parámetro de bondad de Dios por debajo del parámetro de un juez terrenal.

Un Dios bueno

Una de las razones de esto es que las personas piensan en la bondad en términos del bien *que reciben*. Considero que eres bueno en la medida en que eres bueno *conmigo*. Si Dios juzga el pecado, entonces eso no es bueno para mí.

Sin embargo, cuando leemos la Biblia, debemos entender la bondad de Dios en términos de su propio carácter. La bondad de Dios es consecuente con su santidad, su justicia y su amor. Y esta bondad se caracteriza por el celo de su propia gloria. Si bien muchos atribuyen a la bondad de Dios la razón por la cual no creen que Dios pueda mandar a las personas al infierno, en realidad es la razón principal de ello. La bondad de Dios *requiere* justicia; nunca condona la injusticia.

Esto es similar a la imagen que tenemos del amor de Dios. Pensamos que el amor de Dios es *lo que Él hace por nosotros*. Sin embargo, ¿y si la Biblia nos mostrara que en realidad es *lo que Él hace por amor de sí mismo* al salvar a personas para nada dignas? Cuando leemos en Juan 3:16: «Porque de tal manera amó Dios al mundo, que ha dado a su Hijo unigénito», deberíamos quedar admirados por el amor de Dios, no por *lo grande* que es el mundo, sino por *lo malo* que es.

Cuando pensamos en quién es Dios, debemos recordar que sus atributos no están en conflicto dentro de Él. Dios no compromete su santidad para dar lugar a su amor. Sus atributos no están en desacuerdo el uno con el otro. La expresión correcta de la bondad de Dios es el castigo del mal. La Biblia nos muestra que lo que hace que el pecado sea tan malo es que está en contra de Dios; es la peor ofensa (Salmos 51:4). El pecado es el peor mal, precisamente por aquel contra quién se comete.

¿Quién gobierna el infierno?

De niño, aprendí teología de la misma fuente que la mayoría de los niños: los dibujos animados. Ver una serie como *Tom y Jerry* ayudó a formar mi comprensión del infierno. Tras su intempestiva «muerte», Tom se encontró entre las llamas del infierno bajo el mando de un déspota diabólico con un tridente y cuernos amenazadores. Mi conclusión: el infierno está gobernado por el diablo.

¿Es Satanás quien gobierna el infierno? La Biblia nos enseña que el infierno no solo es un lugar real, sino también un lugar real que *Dios creó*. Si bien no tenemos la ubicación exacta del infierno en el navegador, sí tenemos varios versículos de la Biblia que dan testimonio de su existencia y del hecho de que Dios lo creó. *Pues bien, ¿para quiénes lo creó?*

Leemos en el Evangelio de Mateo las siguientes palabras de Jesús:

> Entonces dirá también a los de la izquierda: Apartaos de mí, malditos, al fuego eterno preparado para el diablo y sus ángeles (Mateo 25:41).

El infierno está gobernado por *Dios*, no por Satanás. Será el destino final del diablo, los ángeles caídos y todos los que finalmente rechacen a Dios (ver también Apocalipsis 21:8; 14:10; Filipenses 2:10): es el basurero de todo lo malo del mundo. Por lo tanto, podríamos decir que el infierno no fue parte de la buena creación de Dios, sino que fue creado como consecuencia de la rebelión dentro de la creación de Dios.

Es importante que entendamos esto. Afirmar que Dios es un juez o que está enojado contra el pecado es distinto a decir que Dios es amor. Dios es amor porque siempre ha habido alguien a quien amar desde la eternidad. En el corazón del universo hay un Dios trino: Padre, Hijo y Espíritu Santo, unidos en una relación de amor y gozo entre ellos. Podemos creer y declarar con certeza que en el mismo centro del universo hay una relación de amor puro.

Sin embargo, la ira de Dios y el sitio donde finalmente se expresará —el infierno— es diferente. Su ira surgió como una respuesta al pecado y la rebelión en el mundo. Dios es amor. No es odio, enojo o ira. Odia el pecado. Se enoja con los rebeldes pecadores. Expresará su enojo en la ira del juicio, pero nunca dejará de ser un Dios de amor. Sin embargo, aunque el juicio de Dios es recto y justo, no hay placer en ello:

> ¿Acaso piensan que me agrada ver morir a los perversos?, pregunta el Señor Soberano. ¡Claro que no! Mi deseo es que se aparten de su conducta perversa y vivan (Ezequiel 18:23, NTV).

> Tan cierto como que yo vivo, dice el Señor Soberano, no me complace la muerte de los perversos. Solo quiero que se aparten de su conducta perversa para que vivan. ¡Arrepiéntanse! ¡Apártense de su maldad, oh pueblo de Israel! ¿Por qué habrían de morir? (Ezequiel 33:11, NTV).

¿De qué sirve?

¿Es el castigo proporcional al delito?

Hay al menos una pregunta persistente que surge al tratar de entender el porqué del infierno. ¿Qué sentido tiene exactamente? ¿De qué sirve tener un lugar habitado por un número inquietante de personas que sufren en juicio por toda la eternidad? ¿No parece, de alguna manera, que nada de eso tiene sentido?

Es normal que tratemos de razonar esta pregunta en referencia a nuestro trato natural con otras personas. Cuando un ciudadano infringe la ley, recibe un castigo proporcional al delito. Nadie recibe una sentencia de cadena perpetua por exceso de velocidad, por arrojar basura en la calle o por ignorar las reglas de tránsito. Esto es común a nosotros en todo tipo de relaciones: padres que disciplinan a sus hijos, jefes que supervisan a sus empleados y así sucesivamente. De hecho, es un principio de justicia que proviene de la propia Biblia: ojo por ojo, diente por diente (Éxodo 21:24). El castigo *debe* ser proporcional al delito.

Sin embargo, si bien esta es una reacción natural, debería impulsarnos a considerar si es la comparación correcta. ¿Estamos comparando realmente dos cosas iguales aquí? ¿O estamos confundiendo manzanas con naranjas? Si bien la Biblia enseña que el castigo debe ser proporcional al delito, también explica por qué un castigo tan severo como el infierno es proporcional al delito del pecado. La Biblia presenta el infierno como una pena justa por el pecado.

Por qué el pecado es tan malo

Imagínate que caminas por la calle y ves a alguien sentado en un banco concentrado en lo que tiene en sus manos. Dado que no puedes ver bien, miras más de cerca y observas que le está cortando las patas a un saltamontes.

¿Cómo responderías?

Además de pensar que es un poco extraño, lo más probable es que no lo confrontes sobre lo que está haciendo. Es cruel, claro, pero aplastamos a los insectos todos los días sin pensarlo dos veces. Ahora bien, ¿y si no fuera un saltamontes sino una rana? Es probable que estés un poco más perturbado, pero quizá tampoco sientas el impulso de ir y confrontar al extraño.

¿Y si fuera un ave? ¿Dirías algo entonces? ¿Llamarías a la policía?

¿Qué tal si fuera un cachorro? Al percibir la falta de cordura y la malignidad del hombre, puede que te abstengas de la confrontación, pero sin duda llamarías a las autoridades.

Finalmente, ¿si fuera un bebé humano? ¿Lo detendrías? ¿Intervendrías? *Sin lugar a dudas*. En contra de tu propio riesgo, intervendrías y pelearías físicamente contra él para proteger al niño.

¿Cuál es la diferencia en cada una de estas escenas? ¿Por qué la mayoría de las personas seguiría de largo si viera maltratar a un saltamontes, pero se detendría si, en su lugar, fuera un niño? ¿Qué provoca una respuesta diferente? En cada caso, la acción es la misma: cortarle las piernas a una criatura. ¿Cuál es la diferencia? *Contra quien se comete el pecado.*

Tu respuesta sería diferente frente a la misma acción según el valor de aquel contra quien se está pecando. Cuanto más valiosa es la criatura, más grave y reprensible es atacarla. Si Dios fuera un saltamontes, entonces el castigo consciente y eterno sería una reacción exagerada; pero Dios no es un saltamontes.[1]

El Dios de la Biblia es perfecto en santidad, justicia y amor. No hay nadie que se compare con Él en términos de su belleza. De hecho, su belleza es inmensurable. Su gloria es infinita. Se merece la perfección. Es digno de ella. Cualquier cosa menos que perfección no es un delito menor, sino una ofensa capital. El infierno eterno es proporcional a la naturaleza de Dios y la naturaleza del pecado. Puesto que Dios es el bien más elevado, el pecado contra Él es la forma más elevada de maldad. El castigo de un infierno eterno es proporcional al valor de un Dios infinitamente glorioso.

Las ideas erróneas sobre el infierno siempre se equivocarán sobre estos dos puntos: el valor de Dios y la pecaminosidad del pecado. El valor de Dios es proporcional al castigo del pecado. Nadie se molesta por la pérdida de algo insignificante, pero si esas cosas son de gran valor, todos reconocen su importancia. Si no vemos el pecado como un ataque al valor inmensurable de Dios, no veremos el infierno como una respuesta justa al pecado. El castigo es realmente proporcional al delito.

Ahora bien, ¿por qué debe ser para siempre?

Dios hizo que los humanos fueran seres eternos. Así como Dios es eterno, hizo que los portadores de su

---

1. Esta información útil es de Denny Burk en *Four Views on Hell* (Grand Rapids, MI: Zondervan, 2016), pp. 18-19.

imagen tuvieran una existencia eterna. Jesús muestra que todos existiremos en uno de dos lugares, pero ambas serán una existencia eterna y consciente:

> E irán éstos al castigo eterno, y los justos a la vida eterna (Mateo 25:46).

Sin embargo, la duración del infierno no se debe solo a cómo fuimos creados, sino a lo que hemos hecho. El pecado incurre en una deuda infinita. El infierno no es más que la expresión del carácter de Dios por toda la eternidad. Por más desconcertante que sea, cada día en el infierno es un sermón que proclama el valor infinito de la gloria de Dios. El infierno declara: «La santidad de Dios no hace concesiones. El amor de Dios no cede a un soborno. La justicia de Dios es maravillosamente inflexible. La bondad de Dios es perfecta».

El infierno es, además, el eterno repudio de Dios al pecado y la declaración de su continua oposición a él. El castigo continuo del pecado en el infierno es la continua oposición de Dios a todo lo que está en contra de Él. Debido a que el pecado es contra Dios, su deuda adquiere una dimensión eterna. La deuda en que incurre el pecado es eterna. La naturaleza eterna del infierno proclama tanto la deuda infinita del pecado como el valor infinito de la gloria de Dios.

Por extraño que parezca a simple vista, el infierno da la gloria a Dios, ya que su norma de justicia permanece por toda la eternidad en el castigo de todo lo que está en contra de Él. Esta expresión de ira divina en el infierno es la expresión del celo por su gloria y su intolerancia a cualquier cosa que la mancille.

Esta es también la razón por la cual los escritores de la Biblia tienen claro que es un lugar sin retorno. Algunos piensan que se puede salir del infierno de alguna forma. Otros sugieren que el infierno solo está «cerrado por dentro» y que las personas rehúsan salir porque persisten en su rebelión contra Dios. Hablaré de esas preguntas con más detalle en las páginas de «Preguntas frecuentes» que se encuentran al final del libro. Sin embargo, basta decir por el momento, que la evidencia de las Escrituras es que, esté o no cerrado por dentro, Dios ha cerrado fuertemente el infierno por fuera.

Mi barbero puso el dedo directamente sobre el pulso del problema. Los temas centrales a tratar para comprender el porqué del infierno son el carácter de Dios y cuál es su reacción al pecado humano. Si Dios toma en serio su gloria, entonces es de esperar que el infierno sea severo. En la Biblia vemos que ambas cosas son verdad.

Felizmente, esta no es la última palabra sobre el tema.

Capítulo 4

Por favor... no te vayas al infierno

Mientras estaba de pie apoyado sobre la barandilla que daba a las Cataratas del Niágara, me encontraba obnubilado por el gran volumen de agua que fluía incesantemente sobre los acantilados. En lo que de mí dependía, era imparable. Bien podríamos sentirnos igual cuando contemplamos la realidad del juicio eterno. Son muchísimas las personas en el mundo. ¿Podemos hacer algo para ayudarlas a escapar del infierno? ¿O no podemos hacer nada?

Felizmente, podemos hacer algo. Hay una manera, solo una, de escapar del infierno. Puedo hablarte de eso. Y, si aún no lo has hecho, puedes creer el mensaje y encontrar la respuesta a la pregunta más importante de la vida: ¿Qué puedo hacer con mi pecado?

El hogar con Dios

Al principio de la Biblia, encontramos un Dios al que le gusta hacer cosas extraordinarias y bellas. El mundo entero fue creado por medio de Dios y para Él (Colosenses 1:16). El estribillo del primer capítulo de Génesis, que se repite a medida que se desarrolla la creación, hace eco de la aprobación de Dios: «Y vio Dios que era bueno». Es como si Dios se detuviera a admirar lo que había hecho y dijera repetidamente: *«¡Esto es maravilloso!»*. Realmente lo fue… y lo *es*.

La joya de la creación de Dios es la humanidad. Dios concedió al ser humano el privilegio distintivo de ser hecho a su imagen (Génesis 1:26-27). Como portadores de su imagen, somos seres racionales y relacionales. Podemos hablar y relacionarnos de una manera completamente distinta al resto de la creación. Además, somos seres espirituales que llevamos grabada la viva imagen de diversos atributos de Dios. Entre estos, poseemos un sentido de justicia, amor y misericordia. Dios nos ha diseñado con estos atributos morales para que podamos relacionarnos con Él en adoración, y reflejarlo en nuestro vínculo con el resto de la creación. Tan pronto como fue creado, el ser humano estaba en el hogar con Dios, y era un reflejo perfecto de Él. En otras palabras, lo amábamos y glorificábamos de manera perfecta.

Un hogar destruido (por el pecado)

Al dirigirse a los nuevos portadores de su imagen, Dios les dio libertad para hacer lo que quisieran en su reciente creación. Solo estableció una restricción: *No coman del árbol de la ciencia del bien y del mal* (Génesis 2:17). En un mundo lleno de hermosos árboles y deliciosas frutas, Dios excluyó ese único árbol y lo declaró prohibido. Además de la prohibición del árbol, Dios hizo una advertencia amable y clara: «Porque el día que de él comieres, ciertamente morirás» (Génesis 2:17). El mensaje era directo: *Si me obedecen, vivirán; si me desobedecen, morirán.*

Poco después, Satanás tentó a Adán y Eva a comer de ese árbol, quienes no pudieron resistir su propio impulso de saborear la fruta y hundir sus dientes en la promesa fantasma de la realización. Y puesto que Dios es santo, bueno y justo, los juzgó. Los expulsó del hermoso huerto (Génesis 3:23). Cuando Adán y Eva pecaron, incurrieron en el juicio de Dios. A partir de allí, las cosas cambiaron. En lugar de experimentar una relación cercana con Dios caracterizada por la intimidad y la paz, se encontraban alejados y aturdidos. El hermoso hogar de nuestros primeros padres quedó destruido a causa del pecado. Todos somos hijos de un hogar roto.

La sentencia de muerte

Dios estableció que cuando comieran el fruto de ese árbol, morirían. ¿Qué quiso decir Dios con «morir» en Génesis 2? Es evidente que Adán y Eva comieron su fruto, pero no cayeron muertos al instante. Entonces, ¿en qué sentido *murieron*? ¿Cómo podían seguir vivos si Dios les había asegurado que morirían? Muchos encontraron útil dividir la respuesta a esta pregunta en tres categorías diferentes: muerte espiritual, física y eterna.

Muerte espiritual

La muerte espiritual se refiere a la separación de Dios. Cuando Adán y Eva pecaron, se escondieron de Dios. Cosieron hojas de higuera y se hicieron delantales para cubrir su vergüenza, y se escondieron de la presencia de Dios (Génesis 3:7-8). Anteriormente, habían caminado con Dios y disfrutado de la dulzura de su relación con Él. Sin embargo, ahora, debido al pecado, su relación se había roto. Había cambiado. Habían muerto espiritualmente. El apóstol Pablo habla de esta muerte cuando escribe acerca de la condición de todas las personas alejadas de Cristo:

> Estabais muertos en vuestros delitos y pecados (Efesios 2:1).

Esta muerte no es física sino espiritual: estamos muertos para Dios. Podemos darnos cuenta de esta condición por las obras:

> ...en los cuales anduvisteis en otro tiempo, siguiendo la corriente de este mundo, conforme al príncipe de la potestad del aire, el espíritu que ahora opera en los hijos de desobediencia, entre los cuales también todos nosotros vivimos en otro tiempo en los deseos de nuestra carne, haciendo la voluntad de la carne y de los pensamientos, y éramos por naturaleza hijos de ira, lo mismo que los demás (Efesios 2:2-3).

Estar muerto espiritualmente es vivir para lo que está en contra de Dios y estar muerto a lo que básicamente le complace. Es tener el entendimiento entenebrecido (Efesios 4:18), y no poder ni querer complacer a Dios.

Cuando Adán y Eva pecaron, murieron *espiritualmente*. La muerte espiritual del ser humano se convirtió en la nueva norma después de ese fatídico día en el huerto. Todos los descendientes de Adán y Eva (incluso tú y yo) nacieron alejados de Dios (ver Colosenses 1:21; Salmos 51:5; Romanos 3:10-18, 23).

Muerte física

Antes que Adán y Eva pecaran en Génesis 3, no existía la muerte. Todo estaba vivo, nada se moría. ¿Puedes creerlo? Sin embargo, después del primer pecado, la muerte entró a este mundo (Romanos 5:12).

Inmediatamente después de la desobediencia de Adán y Eva, encontramos la historia de sus hijos: Caín y Abel. Trágicamente, Caín asesina a su hermano menor en un ataque de celos. Luego, el capítulo 5 de Génesis resalta el drástico cambio con una genealogía que incluye el siguiente patrón: nacimiento, cantidad de años vividos y la edad de la muerte. El mensaje es claro: nacemos, vivimos por un tiempo y luego morimos.

Este no era el ideal de Dios para la creación. Él creó este mundo para su gloria y la proliferación humana. Debíamos disfrutar de Él y sus bendiciones por toda la eternidad. Sin embargo, el pecado trajo la muerte. Este patrón ha permanecido hasta nuestros días.

Los cementerios atestiguan que la muerte es un sabueso persistente que finalmente, inevitablemente, alcanza a su presa. No podemos escapar de ninguna manera. Un día, la muerte física nos reclamará a todos y testificará que nosotros también somos hijos del primer hombre y la primera mujer que cayeron en el huerto de Edén.

Muerte eterna

El tercer aspecto de la muerte se conoce como la muerte eterna. Esta tiene que ver con la sentencia eterna del infierno. La Biblia también se refiere a ella como la «muerte segunda» (Apocalipsis 21:8). La primera muerte es la espiritual y física, mientras que la segunda muerte tendrá lugar en el lago de fuego eterno. Esto concuerda con todo lo que hemos visto en este libro.

Cuando combinamos estos tres aspectos de la muerte, podemos ver que el juicio de muerte prometido es multifacético. Todos hemos muerto espiritualmente. Sin duda, todos moriremos físicamente. Sin embargo, la muerte eterna es el tema que nos interesa aquí. No tenemos que morir de esta manera. No necesitamos ir al infierno.

Jesús rescata personas del infierno

Recientemente, tuve el placer de sentarme con mis padres y mi hijo a hojear una antigua colección de notas y fotos familiares. Dentro de la caja había fotos de finales del siglo XIX. Mientras revisábamos con entusiasmo el contenido, encontramos las notas manuscritas de mi abuelo sobre nuestro árbol genealógico. Había pasado horas y horas investigando su historia familiar, y la había dibujado para que las futuras generaciones tuvieran un registro de ella. Pudimos sentir la curiosidad y la alegría que alimentaron su investigación. Es importante para nosotros saber de dónde venimos.

Es interesante que nosotros, que mostramos tanto interés en nuestro árbol genealógico, a menudo omitamos las genealogías bíblicas. Estos registros sirven para mostrarnos que la Biblia habla de la vida de personas reales, como tú y yo.

Y, cuando leemos las genealogías, descubrimos que hay una profunda importancia teológica que no debemos pasar por alto. En el Evangelio de Lucas leemos la genealogía de Jesús. Retrocede a muchos nombres como José, sigue por el rey David, Judá y Abraham, hasta que nos encontramos cara a cara con el primer hombre: Adán (Lucas 3:23-38).

¿Qué es lo significativo de este vínculo con Adán? ¿Es solo para mostrar el registro exacto del mundo antiguo? De ningún modo. La importancia de este vínculo con Adán es mostrar a los lectores que Jesús vino a la tierra como un descendiente de Adán. Es el vástago de Adán y Eva. Es completamente hombre, pero es un hombre único.

A diferencia de Adán (y de cada uno de nosotros a lo largo de la historia), Jesús nunca pecó. No conoció pecado y fue perfecto (2 Corintios 5:21; 1 Pedro 2:22).

Esto significa que, cuando Cristo se enfrentó a todas las tentaciones y dificultades que experimentamos como seres humanos, nunca se rindió, jamás pecó (Hebreos 4:15). Inmediatamente después de la genealogía de Lucas 3, leemos el relato de la tentación de Jesús en el desierto. Ante la misma elección que la serpiente presentó a Adán y Eva, el Señor Jesús creía en Dios y su Palabra y rechazó a Satanás con esta respuesta:

> Escrito está: Al Señor tu Dios adorarás, y a él solo servirás (Lucas 4:8).

La prueba que el primer hombre y la primera mujer fallaron tan decisivamente, el Señor Jesucristo pasó airoso y la siguió pasando cada día de su vida.

¿Recuerdas el requisito que Dios puso a toda la creación? Ordenó que todas las personas le obedecieran por completo. Esto es exactamente lo que Jesús hizo en su vida. Con referencia a su Padre, podía decir:

> Porque el que me envió, conmigo está; no me ha dejado solo el Padre, porque yo hago siempre lo que le agrada (Juan 8:29).

> Mi comida es que haga la voluntad del que me envió, y que acabe su obra (Juan 4:34).

La obediencia de Jesús a su Padre no era una obligación. No era una carga o una tarea desagradable.

Hebreos 10 cita Salmos 40 y declara: «El hacer tu voluntad, Dios mío, me ha agradado, y tu ley está en medio de mi corazón» (v. 8). Obedecer a su Padre no era solo un deber externo mecánico, sino un placer interno. No es de extrañarse, entonces, que su Padre, en múltiples ocasiones, interrumpiera los acontecimientos del día para tronar desde el cielo y proclamar: «Este es mi Hijo amado, en quien tengo complacencia» (Mateo 3:17; 17:5).

¿Por qué lo hacía Jesús? Le agradaba hacer la voluntad de Dios, pero no lo hacía por su propio placer. Lo hacía por personas como tú y yo: descendientes de Adán y Eva.

¿Cómo funciona esto? Jesús fue nuestro representante y sustituto en la tierra. Vivió en nuestro lugar. La vida que tú y yo deberíamos vivir es de obediencia perfecta a la Palabra de Dios (amar a Dios y al prójimo de manera perfecta). Jesús vino y dijo: *Viviré por ellos. Obedeceré por ellos. Seré perfecto en su lugar.* A través de su perfecta obediencia a la ley de Dios, Jesús obtuvo justicia, la base de la aceptación ante Dios.

Ahora bien, esto no es todo.

Hemos visto que la «paga del pecado es muerte» (Romanos 6:23). Debido a que hemos pecado, nos hemos ganado la muerte. Gracias a que Jesús es nuestro sustituto, Él asumió la responsabilidad de pagar nuestra deuda. Murió en nuestro lugar. Recibió nuestro castigo. Pagó la pena que merecíamos por nuestros pecados:

> [Jesús] fue entregado por nuestras transgresiones, y resucitado para nuestra justificación (Romanos 4:25).

> Porque primeramente os he enseñado lo que asimismo recibí: Que Cristo murió por nuestros pecados, conforme a las Escrituras (1 Corintios 15:3).

> [Jesús] llevó él mismo nuestros pecados en su cuerpo sobre el madero, para que nosotros, estando muertos a los pecados, vivamos a la justicia; y por cuya herida fuisteis sanados (1 Pedro 2:24).

> Jesucristo el testigo fiel, el primogénito de los muertos, y el soberano de los reyes de la tierra. Al que nos amó, y nos lavó de nuestros pecados con su sangre (Apocalipsis 1:5).

La genealogía es muy importante. Jesús vino por personas como tú y yo. Vino a buscar y salvar a los hijos perdidos de Adán y hacerlos hijos de Dios. Vino a rescatar personas del infierno y librarlas de la ira venidera (1 Tesalonicenses 1:10).

Jesús padeció el infierno en la tierra

Hace unos quince años, la película *La pasión de Cristo* fue sumamente popular. Los cineastas intentaron retratar la horrible naturaleza de la crucifixión. En la película se mostró la tortura que Cristo soportó en intensos detalles, y algo quedó claro: Jesús padeció inmensamente a manos de sus acusadores.

Sin embargo, si esto es todo lo que vemos cuando pensamos en la cruz de Cristo, entonces no la hemos visto en su totalidad. La noche antes que Jesús fuera traicionado, experimentaba una profunda agonía en Getsemaní, por lo que dijo: «Mi alma está muy triste, hasta la muerte; quedaos aquí, y velad conmigo» (Mateo 26:38). En el Evangelio de Lucas leemos que su agonía fue tan intensa que mientras oraba fervientemente, sudó gotas de sangre (22:44). ¿Fue la inminencia de la tortura humana lo que causó en Cristo tal agonía? ¿Estaba Jesús en agonía ante la perspectiva de morir por su fe? ¿Tenía temor del martirio?

Tenemos la respuesta en su oración. Su agonía estaba centrada en una copa.

> Yendo un poco adelante, se postró sobre su rostro, orando y diciendo: Padre mío, si es posible, pase de mí esta copa; pero no sea como yo quiero, sino como tú (Mateo 26:39).

El objeto de la atención de Cristo aquí es esta copa. ¿Cuál es la copa? ¿Qué hay en ella? En las Escrituras, la copa se refiere a la ira o el juicio de Dios (Isaías 51:17; Jeremías 25:15). Aquí, esta funesta copa delante de Jesús está llena de la ira divina totalmente fermentada y concentrada. El inminente juicio de Dios le provoca sudor de gotas de sangre en profunda agonía. Cristo está contemplando el cañón de la ira infinita del cielo y su corazón se deshace en agonía. A pesar de la barbarie del sufrimiento humano, aquella no era la principal agonía de la cruz. Eso estaba reservado para su asignación de beber la copa. No era la perspectiva del martirio —la ira en manos de los hombres— lo que pesaba tanto en Jesús, sino la ira de Dios.

Poco después de este episodio en Getsemaní, Jesús fue arrestado, juzgado y sentenciado a morir en una cruz de madera. La cruz se convirtió en un altar de sacrificio. Jesús se ofreció a sí mismo como un sacrificio por los pecados del pueblo. ¿Qué lograría el sacrificio de Cristo? Pagaría la deuda por nuestros pecados y calmaría la ira de Dios. La palabra teológica para esto es «propiciación». En la cruz, Jesús calmó la ira justa, santa y buena de Dios por nuestro pecado. Y, al cargar sobre sí toda la ira dirigida a los pecadores, Jesús hizo a Dios propicio o benévolo con nosotros (Romanos 3:25; Hebreos 2:17).

Piénsalo. En la cruz, Jesús sufrió y soportó todo el peso de la ira santa de Dios. Cargó sobre sí todo el peso de un infierno eterno comprimido y compactado. Jesús proclamó en su último aliento: «Consumado es» (Juan 19:30). *¿Qué se había consumado?* Entre otras cosas, había cumplido su misión de calmar la ira de Dios. Padeció el infierno en la tierra. Vació la copa. Como dice Carlos Spurgeon: «Bebió la condenación hasta la última gota».

El rescate

Hemos pensado un poco en cuán consecuente es Dios. Es fiel para actuar conforme a quién es Él;

nunca se contradice. Entonces, consideremos cómo funciona esto, específicamente con respecto a las personas que rescata de la pena del pecado.

Cuando Jesús vino a la tierra, lo hizo como un sustituto de pecadores como tú y yo. Toda su vida fue una sustitución. Sin embargo, cuando Jesús fue a la cruz, estaba calmando específicamente la ira de Dios por nosotros. El justo padeció en el lugar de los injustos.

Dios trató a Jesús como si hubiera quebrantado la ley divina y mereciera el juicio, para que Él pudiera tratarnos como si hubiéramos obedecido perfectamente su ley y mereciéramos sus bendiciones.

> Al que no conoció pecado, por nosotros lo hizo pecado, para que nosotros fuésemos hechos justicia de Dios en él (2 Corintios 5:21).

> Porque también Cristo padeció una sola vez por los pecados, el justo por los injustos, para llevarnos a Dios, siendo a la verdad muerto en la carne, pero vivificado en espíritu (1 Pedro 3:18).

> Cristo nos redimió de la maldición de la ley, hecho por nosotros maldición (porque está escrito: Maldito todo el que es colgado en un madero), para que en Cristo Jesús la bendición de Abraham alcanzase a los gentiles, a fin de que por la fe recibiésemos la promesa del Espíritu (Gálatas 3:13-14).

Recibimos esta bendición al apartarnos de nuestro pecado y creer en Jesucristo. Renunciamos a nuestro pecado al confesarlo a Dios y apartarnos de él en arrepentimiento. Creemos en Jesús no solo en el sentido de creer que Él existió, sino en el sentido de tener fe en Él y amarlo como nuestro Salvador.

Dios no es transigente, pero salva

Desde que me convertí a Cristo, el amor de Dios me conmovió una y otra vez. Dios, en su infinita sabiduría, ha demostrado su amor a personas que parecían no tener ninguna esperanza. Sin embargo, fíjate cómo lo hace: *sin transigir.*

Recuerdo que, cuando era niño, si mi abuelo me encontraba haciendo alguna maldad, rara vez me reprendía por ello. En cambio, me daba unas palmaditas en la espalda, me regalaba un dulce y me decía: «Ve a jugar afuera». Dios no es así. Él no es como un abuelo terrenal que nos ve haciendo algo malo, pero no tiene el valor de castigarnos. Dios no mira para otro lado. No puede. En cambio, hace algo mucho más difícil... y doloroso.

En el evangelio, Dios mantiene la integridad de todos sus atributos. Su amor, justicia, santidad y bondad se exhiben en perfecta armonía en la cruz.

- *¿De qué forma sabemos cómo es el amor?* Mira la cruz (Romanos 5:8).
- *¿Y la rectitud?* Mira a Jesús al morir por nuestros pecados (Romanos 3:25-26).
- *¿Cuán santo es Dios?* Solo la sangre perfecta de Cristo podía calmar la ira de Dios y lim-

piarnos del pecado (1 Tesalonicenses 1:10; 1 Juan 1:7-9).

- *¿Cuán bueno es Dios?* Castiga el pecado y salva a los pecadores (Romanos 3:26; Tito 2:11-14). Dios no compromete su carácter; en cambio, lo demuestra a través de Cristo en la cruz, para el asombro de hombres y ángeles.

Piensa en esto: nuestro pecado merecía la muerte eterna. Estamos perdidos y sin esperanza de pagar esta deuda; no estamos dispuestos ni en condiciones de hacer el pago. No obstante, Dios, en su infinita sabiduría y amor, envía a Jesús en nuestro lugar. Él está dispuesto y en condiciones de hacerlo. ¡Jesús es el Hijo eterno, que se ofreció en sacrificio eterno, para cumplir con la justicia eterna de Dios y dar vida eterna a personas como tú y yo (Hebreos 9:14-15)! Padeció el infierno eterno para darnos la vida eterna.

La urgencia del asunto

Un día, el apóstol Pablo estaba hablando con un grupo de personas acerca de Jesús. Algunas de las cosas que les dijo les parecieron curiosas, otras, ofensivas. Pero el apóstol quería asegurarse de que entendieran la urgencia del asunto. Al concluir la charla, tipo sermón, dijo esto:

> Pero Dios, habiendo pasado por alto los tiempos de esta ignorancia, ahora manda a todos los hombres en todo lugar, que se arrepientan;

por cuanto ha establecido un día en el cual juzgará al mundo con justicia, por aquel varón a quien designó, dando fe a todos con haberle levantado de los muertos (Hechos 17:30-31).

Si la Biblia fuera un periódico, entonces el titular de la primera página sería una advertencia. Nos advertiría a todos que nos arrepintamos de nuestros pecados y tengamos fe en Cristo. La razón es que Dios ha fijado un día cuando finalmente juzgará al mundo y a todas las personas que lo integran. No tenemos voz ni voto en el asunto. Es una cita fija en el calendario eterno de Dios; sucederá. La única respuesta sensata es el arrepentimiento ante Dios y la fe en el Señor Jesucristo; cualquier otra cosa sería una locura, dado lo que está en juego.

Sin embargo, con demasiada frecuencia caemos en un sueño espiritual. Después de haber sido afectados por una doctrina como el infierno en un estudio, libro o sermón, nos sentimos tentados a consolar el malestar de nuestra alma y diluir nuestra convicción. Jesús contó una historia sobre un hombre que planeaba vivir mucho tiempo y disfrutar de todos sus bienes. Mientras llegamos al final de este libro, vale la pena leer todo lo que Jesús dice en ella:

> También les refirió una parábola, diciendo: La heredad de un hombre rico había producido mucho. Y él pensaba dentro de sí, diciendo: ¿Qué haré, porque no tengo dónde guardar

> mis frutos? Y dijo: Esto haré: derribaré mis graneros, y los edificaré mayores, y allí guardaré todos mis frutos y mis bienes; y diré a mi alma: Alma, muchos bienes tienes guardados para muchos años; repósate, come, bebe, regocíjate. Pero Dios le dijo: Necio, esta noche vienen a pedirte tu alma; y lo que has provisto, ¿de quién será? (Lucas 12:16-20).

¿Qué pasaría si esta noche vinieran a pedir tu alma? ¿Qué pasaría si esta noche vinieran a pedir el alma de tu amigo, tu cónyuge, tu vecino?

Amigo, sin duda, deberemos afrontar nuestro pecado. Dios no comprometerá su carácter; Jesús pagará el castigo del infierno por tu pecado en la cruz o lo pagarás tú en el infierno para siempre, pero no dudes de esto: *el pecado recibirá su castigo.*

Por lo tanto, te ruego: por más doloroso que sea este tema, que no dejes que tus convicciones se diluyan, sino ruega a tus conocidos y a todo aquel que te encuentres. Suplícales: «No te vayas al infierno». Realmente existe. Dios no lo creó para ti; pero te espera, porque te lo mereces. Y a pesar de que Aquel que es bueno, recto y santo, en su justicia, te mandará al infierno, también te ha dado la única salida. Entonces, acércate a Cristo y recibe el glorioso y divino abrazo de sus manos perforadas por los clavos.

Apéndice 1

Puntos de vista alternativos sobre el infierno

Aunque los cristianos han contado con bastante concordancia sobre la enseñanza bíblica del infierno a lo largo de la historia de la iglesia, hay algunos que tienen otro punto de vista. El problema en cuestión es si existe un castigo real y, de ser así, cuánto durará. Abordaré brevemente cada punto de vista y daré lo que considero una respuesta bíblica.

1. El universalismo

El universalismo es la creencia que afirma que al final todas las personas serán salvas y nadie experimentará el juicio de Dios. Los defensores de esta creencia se apoyan en los siguientes pasajes de las Escrituras:

> Así que, como por la transgresión de uno vino la condenación a todos los hombres, de la misma

> manera por la justicia de uno vino a todos los hombres la justificación de vida (Romanos 5:18).
>
> Porque así como en Adán todos mueren, también en Cristo todos serán vivificados (1 Corintios 15:22).

Otro pasaje que a menudo se utiliza como fundamento de una posición universalista se encuentra en la primera carta de Pablo a los corintios. Pablo está vislumbrando el fin de la era y la consumación de todas las cosas.

> Luego el fin, cuando entregue el reino al Dios y Padre, cuando haya suprimido todo dominio, toda autoridad y potencia. Porque preciso es que él reine hasta que haya puesto a todos sus enemigos debajo de sus pies. Y el postrer enemigo que será destruido es la muerte. Porque todas las cosas las sujetó debajo de sus pies. Y cuando dice que todas las cosas han sido sujetadas a él, claramente se exceptúa aquel que sujetó a él todas las cosas. Pero luego que todas las cosas le estén sujetas, entonces también el Hijo mismo se sujetará al que le sujetó a él todas las cosas, para que Dios sea todo en todos (1 Corintios 15:24-28).

Los universalistas respaldan su creencia con la declaración que afirma «Dios sea todo en todos». Concluyen que esto indica que Dios trabaja para salvar al ser humano después que muere.

Sin embargo, un breve análisis de 1 Corintios 15 nos permite ver que solo los que tienen una *fe activa* en Cristo pueden disfrutar de la bendición divina del evangelio. El recordatorio recurrente de Pablo en este capítulo es que nuestra fe no es inútil ni vana, sino absolutamente imprescindible (vv. 12-19). Es por fe que echamos mano de la resurrección y la vida eterna. La necesidad de la fe en Cristo es una víctima de la sensiblería universalista.

La argumentación universalista que emplea estos pasajes para respaldar su doctrina parecería tener algunas grietas. En lugar de hacer referencia a cada persona de la tierra, la palabra «todos» de Romanos 1:18 y 1 Corintios 15:22 se refiere a todas las personas que reciben a Cristo. Esto se ve claramente en el contexto de Romanos:

> Pues si por la transgresión de uno solo reinó la muerte, mucho más reinarán en vida por uno solo, Jesucristo, los que reciben la abundancia de la gracia y del don de la justicia (Romanos 5:17).

Nos corresponde a nosotros recibir esta abundante gracia en Cristo. Todo el contexto de Romanos ha estado enfatizando la necesidad de la fe en Cristo. Todos están bajo pecado y merecen la ira de Dios (caps. 1–3); pero Dios, en su gracia, justifica gratuitamente a sus hijos por medio de Cristo (3:24–5:11).

Una cosa que se deriva de estar justificados ahora es que podemos estar seguros de que tenemos paz con Dios (5:1), y ciertamente seremos salvos de la ira venidera de Dios (5:9). Por eso «nos regocijamos en Dios por nuestro Señor Jesucristo» (5:11, NVI).

Además, si el universalismo fuera cierto, tendría poco sentido que Pablo sintiera «gran tristeza y continuo dolor» en su corazón por sus parientes judíos incrédulos (Romanos 9:1-5). ¿Por qué está tan preocupado por su incredulidad si, al final, recibirán el amor de Dios y no su ira?

Al contrario, «conociendo, pues, el temor del Señor, persuadimos a los hombres» (2 Corintios 5:11). La certeza de la salvación para todas las personas, independientemente de lo que creen sobre Jesús y el evangelio, en realidad desalienta la evangelización. Sin embargo, la certeza del juicio venidero motiva al creyente a ser fiel en la evangelización.

Es difícil no llegar a la conclusión de que los argumentos a favor del universalismo no son, principalmente, bíblicos, sino *sentimentales*. Si bien se apoyan fuertemente en la creencia (verdadera) de que Dios ama a la humanidad, no pueden aceptar que ese amor sea consecuente con un infierno eterno. La Biblia establece claramente que después de la muerte viene el juicio:

> Y de la manera que está establecido para los hombres que mueran una sola vez, y después de esto el juicio (Hebreos 9:27).

La parábola de Jesús sobre el hombre rico y Lázaro también enseña que no hay segundas oportunidades después de la muerte (Lucas 16:19-31).

Hay una verdadera aversión por la realidad del infierno en los que se sienten atraídos al universalismo, y puedo identificarme por completo con ellos. La idea de que una cantidad enorme de personas sufrirá por tiempo indefinido es difícil de asimilar. No por comprender las enseñanzas de Jesús de una sola manera y, por lo tanto, aceptar la realidad de un castigo eterno y consciente en el infierno se carece de compasión.

No obstante, hay una gran diferencia entre tener compasión y manipular la Palabra de Dios. En un extraño matiz de ironía, los universalistas se mueven motivados por el amor a sus semejantes, pero revelan una sorprendente falta de amor por Dios y su Palabra y, por lo tanto, en definitiva, por sus semejantes. Si el evangelio es lo único que puede salvar a la humanidad, pero no toman en cuenta la importancia de predicar el evangelio, en realidad están dejando de amar a sus semejantes como Cristo los ama. Para citar nuevamente el versículo más famoso de la Biblia:

> Porque de tal manera amó Dios al mundo, que ha dado a su Hijo unigénito, para que todo aquel que en él cree, no se pierda, mas tenga vida eterna (Juan 3:16).

Su amor es para todo el mundo, pero su salvación es solo para los que creen en Él.

2. El aniquilacionismo

El aniquilacionismo enseña que los incrédulos recibirán el castigo por sus pecados durante un tiempo después de su muerte, pero luego serán extinguidos o aniquilados para que ya no existan.

El aniquilacionismo está estrechamente relacionado con algo que los teólogos llaman «inmortalidad condicional»; los dos términos se emplean a menudo, pero no siempre de manera indistinta. La inmortalidad condicional sostiene que las únicas personas que vivirán para siempre en la eternidad son los cristianos. Según esta perspectiva, los que rechazan a Cristo dejarán de existir al momento de su muerte o del juicio. Las personas son solo «potencialmente» inmortales. Los defensores de esta perspectiva sostienen que solo Dios es inmortal (1 Timoteo 6:16), y que, cuando nos convertimos a Cristo, somos partícipes de su naturaleza divina (2 Pedro 1:4).

Si bien esta creencia ha estado ganando mayor atención en los últimos años, no es nueva. Se rechazó en el segundo Concilio de Constantinopla (553 d.C.). Algunos defensores modernos de esta visión incluyen a los Testigos de Jehová y los Adventistas del Séptimo Día. Sin embargo, no se limita a quienes tienen un punto de vista alternativo sobre asuntos que están fuera de la corriente principal ortodoxa, sino que parece estar ganando adeptos en nuestros días. Algunos de los principales argumentos se incluyen y responden a continuación.

El primer problema que se plantea es la duración

del infierno. ¿Durará para siempre? ¿Es eterno? En Marcos 9:43-48 leemos dos veces que Jesús habló sobre el fuego que no se puede apagar: una clara referencia al infierno. El llamado urgente a la acción está sustentado por la duración eterna como por el tormento en el infierno.

> Si tu mano te fuere ocasión de caer, córtala; mejor te es entrar en la vida manco, que teniendo dos manos ir al infierno, al fuego que no puede ser apagado, donde el gusano de ellos no muere, y el fuego nunca se apaga. Y si tu pie te fuere ocasión de caer, córtalo; mejor te es entrar a la vida cojo, que teniendo dos pies ser echado en el infierno, al fuego que no puede ser apagado, donde el gusano de ellos no muere, y el fuego nunca se apaga. Y si tu ojo te fuere ocasión de caer, sácalo; mejor te es entrar en el reino de Dios con un ojo, que teniendo dos ojos ser echado al infierno, donde el gusano de ellos no muere, y el fuego nunca se apaga (Marcos 9:43-48).

Los aniquilacionistas argumentan que, en el Nuevo Testamento, la palabra «eterno» a veces puede referirse al carácter definitivo del asunto en cuestión y no a un proceso infinito. Por lo tanto, la referencia a «eterno» aquí es una simple referencia al siglo venidero cuando se habla con carácter definitivo. Algunos ejemplos incluyen: «eterna salvación» (Hebreos

5:9); «juicio eterno» (6:2); «eterna redención» (9:12); y «castigo eterno» (Mateo 25:46). Si estos ejemplos se refirieran al siglo venidero, aún nos quedaría la pregunta: ¿Cuánto tiempo *es* el siglo venidero? Una simple lectura del texto bíblico indica que el propósito de contrastar el juicio eterno con la vida eterna es mostrar que ambos están correlacionados. No hay ningún indicio de que la bendición eterna o la justicia eterna se terminarán, sino que continuarán para siempre.

Ligado a esta pregunta para los aniquilacionistas está el uso del término «destrucción». En pasajes que se refieren a la destrucción, los que sostienen esta perspectiva entienden que significa extinción o aniquilación. Sin embargo, esto no es tan convincente como parece a simple vista. Muchos comentaristas señalan que en otros pasajes donde se emplea esta palabra u otros términos similares, no se refiere a algo que deja de existir. En cambio, habla de una persona o un objeto que ya no funciona de la manera como ha sido diseñado. Algunos ejemplos incluyen: odres viejos que se rompen (Mateo 9:17); una moneda que se había perdido (Lucas 15:9); o incluso el mundo mismo que pereció anegado en el diluvio (2 Pedro 3:6). En cada uno de estos ejemplos, el objeto aún existe, pero no en su forma originalmente diseñada.

Otro problema importante con la perspectiva tradicional del infierno que tienen los aniquilacionistas, es que creen que la idea del castigo eterno es incongruente con la visión bíblica del amor de Dios. Como hemos visto en el capítulo 3 sobre el porqué del infierno, el amor de Dios es un amor celoso caracterizado por la santidad. Dios no compromete su santidad para mostrar su amor. Tanto el infierno como la cruz demuestran la seriedad de Dios en este aspecto, el celo por su gloria.

Aunque comparto la opinión de que el infierno es perturbador, no puedo aceptar que la Biblia enseñe otra cosa que el castigo eterno y consciente. Los argumentos que plantean los universalistas y aniquilacionistas no son bíblicamente convincentes. Creo que su intento de resolver problemas relacionados con el carácter de Dios y la naturaleza del infierno en realidad despiertan más preguntas: ¿Cómo puede Dios ser justo y amoroso? ¿Alguna vez la ira de Dios puede calmarse realmente? ¿Por qué Dios pone la vida eterna junto al infierno eterno si ambos no se correlacionan?

Toda la verdad es una, y está interrelacionada. Así que estos intentos de resolver las dificultades que tenemos con la enseñanza bíblica sobre el castigo eterno, sin darnos cuenta, disminuyen la maldad del pecado, el carácter de Dios, la gloria de la expiación de Cristo y el llamado a llevar el evangelio de la gracia y el perdón de Dios hasta lo último de la tierra.

Apéndice 2

Preguntas frecuentes sobre el infierno

¿Cuándo va una persona al infierno?

Habitualmente, usamos frases para sugerir que estamos viviendo el infierno en la tierra: «Su vida es un infierno»; «Ese lugar es el infierno en la tierra». El célebre filósofo, Jean Paul Sartre, expresó: «El infierno es el otro», para dar a entender que estamos atormentados por lo que otros piensan de nosotros. Por más difícil que sea la vida para muchos, la realidad del infierno es de una magnitud mucho peor que cualquier cosa que experimentemos en la tierra.

No obstante, hay otras preguntas con respecto al «cuándo» del infierno. ¿El que se muere se va directamente al infierno tras su deceso? ¿En la Segunda Venida? ¿Hay un estado intermedio? ¿Cuál es el orden cronológico del juicio?

La Biblia enseña que las personas mueren, y luego viene el juicio (Hebreos 9:27). No leemos de segundas oportunidades después de la muerte. La historia del rico y Lázaro muestra un intenso sufrimiento después de la muerte (Lucas 16:19-31). Jesús dijo al ladrón en la crucifixión: «Hoy estarás conmigo en el paraíso» (Lucas 23:43). Es preferible entender que hay un castigo inmediato después de la muerte, y luego en el juicio final hay una resurrección de todos para una condena final, ya sea para vida eterna o para castigo eterno (Mateo 25:31-46).

¿Hay un lugar «intermedio» como el limbo o el purgatorio?

En la Edad Media, la Iglesia Católica ideó una compleja «geografía» del infierno. Incluía niveles o círculos de severidad en el castigo, como se describe en el famoso poema de Dante, *La divina comedia*. Sin embargo, también incluyó la idea de una condición de vida futura donde las almas pueden purificarse antes de entrar al cielo. Según el catecismo de la Iglesia Católica Romana, «todos los que mueren en la gracia y la amistad de Dios, pero imperfectamente purificados, aunque están seguros de su eterna salvación, sufren después de su muerte una purificación, a fin de obtener la santidad necesaria para entrar en la alegría del cielo». Se habla de dos lugares de limbo: «el limbo de los patriarcas» es un lugar para los que murieron antes de la venida de Jesús; y «el limbo de los infantes», un lugar donde van los niños y bebés antes de ser purificados y recibidos en el cielo.

La idea del purgatorio es común en la fantasía popular, así como en la enseñanza oficial de la Iglesia Católica. La idea es que hay un lugar intermedio donde me castigan por las cosas malas que hice; después de un período adecuado de sufrimiento, mi alma se purifica y puedo entrar al cielo.

Esta idea, en todas sus formas, discrepa por completo con las enseñanzas de la Biblia sobre el evangelio de la gracia. Es cierto que, aunque me haya convertido a Cristo al arrepentirme y creer en Él, en la práctica, aun soy menos que perfecto; todavía peco. Sin embargo, al mismo tiempo, posicionalmente, Dios me imputa la justicia de Cristo en el momento de mi conversión, puesto que Él nos declara justos por medio de la fe (Romanos 5:1; 2 Corintios 5:21). En el momento de mi muerte, el proceso de purificación estará completo, y seré perfectamente santo para comparecer ante la presencia de Dios. Entonces, por la gracia de Dios, seré santo y sin mancha (1 Tesalonicenses 5:23; Judas 24). Cuando Dios nos perdona, perdona todos nuestros pecados: pasados, presentes y futuros. Consideraría que el purgatorio es una enseñanza contraria no solo con lo que manifiesta la Biblia sobre la vida futura, sino también con la esencia misma del cristianismo: el propio evangelio.

¿Quién creó el infierno? ¿Por qué lo creó?

Dios creó el infierno para el diablo y los ángeles caídos (Mateo 25:41). Esto disipa el mito, popularizado por las caricaturas, de que el diablo está al mando del infierno con sus cuernos rojos y su tridente. En cambio, aprendemos de las Escrituras que, de hecho, Dios creó e incluso gobierna el infierno como un juez justo.

¿Cuánto durará el infierno?

El infierno durará para siempre. Es eterno (Marcos 9:43-48; Apocalipsis 14:10-11; 20:10). Es cierto que esta realidad nos perturba. Sin embargo, no podemos soslayar la clara enseñanza bíblica que asevera que el infierno es el castigo por el pecado. Y, dado que la paga del pecado es muerte, debemos recordar que el infierno eterno es el testimonio eterno de la manifestación de la justicia de Dios.

¿Cómo se pueden reconciliar las descripciones contrapuestas sobre el infierno?

Admitiré que estas descripciones son difíciles de poner de acuerdo. Algunos han intentado resolver la diferencia entre la oscuridad y el fuego del infierno al señalar que los términos son metafóricos, que representan las verdades gemelas del juicio y el tormento. Si esto es cierto, no le quita peso al infierno. Recuerda que el lenguaje gráfico comunica una realidad que probablemente es *mucho más grave* que las imágenes utilizadas: no solemos utilizar una metáfora para describir una realidad física de menor seriedad.

Sin embargo, si estos son términos literales que indican fuego y tinieblas a la misma vez, existe la posibilidad de que el intenso humo en el juicio pueda oscurecerlo todo. De cualquier manera, la oscuridad y el fuego comunican el confinamiento y el juicio que es mucho peor de lo que podríamos imaginar.

¿Habrá oportunidad de arrepentirse en el infierno?

Jesús y la Biblia en general no dan ningún indicio de alguna oportunidad de arrepentimiento después de la muerte. No hay segundas oportunidades. Y no solo no hay segundas oportunidades, sino que no hay indicios de que alguien *quiera* una segunda oportunidad. Las imágenes que tenemos del infierno incluyen angustia y sufrimiento en lugar de arrepentimiento y súplica de perdón (Lucas 16:19-31; Mateo 13:42).

¿Cómo puede ser justo el infierno?

Es común que pensemos en el infierno y otras doctrinas bíblicas desde nuestra perspectiva natural y personal. En cambio, la Biblia nos insta a ver el mundo focalizados en Dios. No debemos pensar en el pecado en términos de delitos menores; sino más bien, como ofensas capitales, dado que el pecado es principalmente contra Dios (Salmos 51:4).

Las Escrituras enseñan que todos hemos pecado y que el pecado merece un castigo justo. Entonces, ¿es justo el infierno? Sí, porque es justo recibir lo que merecemos. Sin embargo, sospecho que cuando muchos formulan esta pregunta, se cuestionan si el infierno está *garantizado*. Puesto que es en contra de Dios, el pecado es la ofensa más grave. Todo pecado es un grave delito.

¿Será realmente Dios tan estricto?

Para comprender el rigor de Dios, debemos considerar el precio que pagó para que la humanidad no se vaya al infierno. La cruz de Jesucristo nos muestra lo que Dios piensa del pecado y lo que cuesta pagarlo. Creo que el infierno armoniza con la pena por el pecado y el alto precio de la muerte de Jesús en la cruz. Dios es justo.

¿Es el infierno la expresión de un Dios amoroso o un Dios enojado?

El infierno es la reacción justa de Dios a todos los que no se comprometieron con Él y su honra. Entonces, sí, el infierno es la manifestación de la ira de Dios por el pecado. Es enojo. Sin embargo, la ira de Dios se alimenta de amor por su gloria y celos por su honra (Isaías 42:8; 48:11). También es una expresión de su amor por todo lo creado y por la humanidad. Cuando herimos o lastimamos a otros, adrede o sin querer, o destruimos la buena creación de Dios, estamos destruyendo algo que Dios ama. De la misma manera que todo padre se enoja con cualquiera que lastima a su hijo, Dios, por amor a su creación, está correctamente enojado por los que están heridos a causa del pecado de otros.

Si Dios no se complace en la muerte de los impíos, ¿por qué los enviará al tormento eterno?

Dios no se complace en la destrucción de los impíos. La Biblia describe a Dios paciente (2 Pedro 3:9). Al mismo tiempo, recibirá la gloria de cada ser creado, aunque se niegue a hacerlo. Por sorprendente que parezca, la demostración de justicia en el infierno glorifica a Dios, porque sigue siendo recto incluso frente a la falta de arrepentimiento (Romanos 9:22-23).

¿Enviará Dios al infierno a quienes nunca han escuchado el evangelio?

Esta es una buena pregunta acerca de cómo pensamos de Dios y cómo pensamos de la evangelización. Es importante recordar que solo los pecadores estarán en el infierno. Dios no enviará al infierno a nadie que lo haya amado y obedecido con un corazón perfecto. En Romanos 1:18-20 leemos que todos conocen a Dios en su corazón. Saben quién es y de qué es digno. Sin embargo, aunque lo conocen, adoran y sirven a la creación y no al Creador. No necesitan que el evangelio se lo muestre; la creación lo atestigua. Por lo tanto, Pablo argumenta en este importante pasaje, que «no tienen excusa» (Romanos 1:20). Esto es válido tanto para quienes hayan escuchado el evangelio como para los que no lo hayan escuchado;

tenemos suficiente revelación para estar condenados delante de Dios. En segundo lugar, la pregunta implica (aunque vagamente) que sería mejor ***no*** haber escuchado el evangelio si es para condenación. La realidad del juicio es uno de los principales impulsores de las misiones globales. La realidad del infierno y de que todos rendirán cuentas delante de Dios debería motivar las misiones, no generar apatía.

En resumen, nadie estará en el infierno por no haber escuchado el evangelio, sino por haber pecado. El hecho de que haya personas que no escuchen el evangelio debería hacer que los cristianos testifiquen de su fe.

¿Qué hay de los bebés y los discapacitados mentales?

Esta es una pregunta difícil, porque la Biblia no es explícita al respecto. Podemos sacar algunas conclusiones, pero nada nos confirma si es de una u otra forma. En situaciones como esta, debemos encontrar consuelo y descansar en el carácter de Dios con la confianza de que siempre hará lo correcto (Génesis 18:25). Personalmente, estoy de acuerdo con muchos maestros de la Biblia que creen que, en su misterioso poder y propósito, Dios salva a infantes, niños pequeños y discapacitados mentales. Creo que es correcto dar consuelo y seguridad a los padres de aquellos que están incapacitados de tomar decisiones. Sin embargo, nuestro consuelo debe estar en la bondad y la justicia de Dios. *Él hará lo correcto* y, cuando lleguemos nosotros mismos a la nueva creación, todos estaremos de acuerdo en que, haga lo que haga, será bueno, recto y verdadero, y nos regocijaremos en ello.

¿Hay grados de castigo en el infierno?

Jesús habló de un castigo mayor para quienes lo escucharon y lo rechazaron, que para los habitantes de Sodoma que nunca lo vieron (Mateo 11:20-24). También se refirió a un siervo que recibirá un castigo más severo que otro (Lucas 12:47-48). Si bien un solo pecado es suficiente para provocar la ira de Dios y ser culpables de quebrantar toda la ley (Santiago 2:10), hay algunos motivos para creer que el que peca y nunca escucha el evangelio se irá al infierno, pero su juicio será más tolerable que el de el que escucha el evangelio y se niega a arrepentirse de su pecado. No sabemos cómo sucederá esto o cómo funcionará en la práctica, pero nos asegura que el juicio de Dios será apropiado y correcto para cada persona.

¿Podremos realmente disfrutar del cielo al saber que algunos de nuestros seres queridos están sufriendo en el infierno?

Es saludable sentir el peso del infierno sobre nosotros; en especial, cuando pensamos en aquellos cercanos a nosotros. El apóstol Pablo nos ejemplifica esto cuando oró en profunda agonía por sus parientes (Romanos 9:1-4). Sin embargo, no debemos temer que nuestra mente y nuestro corazón estén en disonancia con la nueva creación. Dios nos transformará por completo a la imagen de Cristo (Filipenses 3:20-21; Romanos 8:29; 1 Juan 3:2). Aunque en el presente nos cuesta hilvanar todo, Dios será fiel en hacer que todo confluya armoniosamente cuando seamos glorificados.

¿Tendremos «las manos manchadas de sangre» si no predicamos el evangelio a otros, y luego se mueren y se van al infierno?

En Hechos 20, Pablo hace esta afirmación: «Por tanto, yo os protesto en el día de hoy, que estoy limpio de la sangre de todos; porque no he rehuido anunciaros todo el consejo de Dios» (vv. 26-27). Algunos toman esta declaración en el sentido de que Jesús nos hará responsables por aquellos a los que no les hayamos predicado el evangelio.

Todos tenemos la responsabilidad de hablar a otros de Jesús (Mateo 28:18-20; Colosenses 4:5-6). Y Dios nos da oportunidades de hacerlo. Predicar el evangelio, como cualquier otro mandamiento de Dios, es algo por lo que tendremos que rendir cuenta. Sin embargo, decir que somos responsables si no predicamos a otros y se mueren, parece inferir algo sobre lo que la Biblia no es explícita con respecto a los cristianos. En Hechos 20, Pablo expresa públicamente su fidelidad al ministerio que Dios le ha dado. De modo que el énfasis está más en que él cumpla con su deber de predicar el evangelio, y no en su culpa de no testificar a alguien en particular.

¿Cómo pueden tres horas en la cruz compararse al sufrimiento en el infierno eterno?

Debemos pensar en términos de calidad y no solo de cantidad. En otras palabras, la clave no es la duración del sufrimiento de Cristo, sino el valor de su sacrificio. Jesús es el perfecto Hijo de Dios de un valor incalculable. Cuando se ofreció a morir en la cruz, no solo pudo soportar la ira infinita de Dios, sino también calmarla. El eterno Hijo de Dios ofreció un sacrificio eterno para pagar nuestra deuda eterna y darnos vida eterna. Cuando pensamos en el precio del pecado y el valor del sacrificio de Cristo, podemos entender que Él cumplió por completo con el requerimiento de Dios para nuestro perdón.

¿Está en lo cierto C. S. Lewis con respecto al infierno?

Uno de los escritores más influyentes sobre el cristianismo en el siglo XX fue un profesor de inglés de Oxford que experimentó una notable conversión del ateísmo: C. S. Lewis. Tal vez sea más conocido por sus libros para niños, *Las crónicas de Narnia*, pero también escribió libros profundos e influyentes como *Cristianismo y nada más*, donde hace uso de su magistral comprensión del lenguaje y los conceptos para expresar opiniones perceptivas y convincentes.

Lewis aborda de manera directa las preguntas sobre el cielo y el infierno en el último de los libros de Narnia, *La última batalla*, pero escribió estos conceptos en una fascinante obra de ficción imaginaria llamada *El gran divorcio.* Es una historia maravillosa y fascinante, que narra el viaje que un día hace un grupo diverso de personas en un autobús de Londres desde el infierno al cielo. Está lleno de imágenes fuertes y una perspectiva cautivante. Se imagina el infierno como un barrio marginal, lluvioso, gris y mediocre donde nadie puede soportar vivir cerca uno del otro y, por lo tanto, cada vez se alejan más. Cuando los «turistas» llegan al cielo, no comprenden, detestan estar allí y anhelan estar de vuelta «en casa», en ese otro lugar. De manera brillante, Lewis describe el infierno, no como un lugar de igual o mayor tamaño que el cielo, sino como una pequeña grieta en el suelo, donde los viajeros deben encogerse para poder ingresar.

El libro y los conceptos de Lewis sobre este tema intentan resolver las dificultades que tenemos sobre el juicio y el infierno. Describe un infierno que no es un tormento, sino un lugar triste y lúgubre. Presenta a sus habitantes decididos a seguir rechazando a Dios, en vez de tomar consciencia repentina de la verdad de Dios y el evangelio, y sentirse mortificados por su necedad al rechazarlo. No presenta el infierno como un lugar al que Dios envía a las personas, sino al que las personas deciden ir voluntariamente. Aún más polémico, sugiere que Dios está dispuesto, en su gracia, a aceptar la devoción de algunas personas a otros «dioses» como adoración de sí mismo.

A pesar de los conceptos reveladores e intrigantes del libro, es evidente que Lewis ha investigado en la literatura y la filosofía para encontrar respuesta a estas dificultades, en vez de investigar en las Escrituras y las enseñanzas de Cristo.

Siempre es valioso leer a Lewis, pero su forma contundente y poética de presentar sus ideas a veces podría cegarnos al hecho de que puede estar, y a veces lo está, simple y llanamente, equivocado.

¿Cómo responder a los que afirman que serán felices en el infierno, porque ahí es donde están sus amigos?

Es común escuchar este comentario superficial en las conversaciones, así como la descripción del cielo o la nueva creación como un lugar pálido y totalmente aburrido. Ambas opiniones provocan una malinterpretación del tema en cuestión.

Dios es la fuente de *todo* lo que es bueno. Aunque no lo reconozcamos como la fuente de la belleza y la bondad, todos los días experimentamos mil bendiciones de sus manos. El amor y la familia; la comida y los bienes; la música y la belleza de la creación; los dones y las habilidades que poseemos; la alegría y la risa, todos son regalos de Dios. Ahora solo disfrutamos de ellos en parte, de manera imperfecta y contaminada por las realidades del dolor y el sufrimiento en nuestro mundo caído. Sin embargo, los que somos salvos en Cristo experimentaremos esta alegría en su totalidad en la nueva creación. Amistades perfectas, y alegría y amor plenos.

Sin embargo, el infierno será la ausencia de todas estas cosas. Implicará las peores cosas de la vida terrenal, multiplicadas a la máxima potencia, pero sin alegría, sin esperanza, sin amor.

—Disfrutaré el infierno porque todos mis amigos estarán allí.

—No, no disfrutarás. No tendrás amigos en el infierno, porque allí no habrá amistad.

¿Qué deberían hacer los cristianos en respuesta a la realidad del infierno?

Sin duda, la enseñanza bíblica sobre el infierno hace una gran advertencia a los que aún no son creyentes en Jesús, pero también es importante que los cristianos practiquen lo que la Biblia enseña sobre el infierno y las realidades del juicio venidero. Las siguientes son cuatro áreas en particular:

- **Gratitud.** Si no fuera por Cristo, mereceríamos estar en el infierno. Haz una pausa para que esta verdad penetre en ti. Nuestra primera reacción como los que hemos respondido al evangelio debe ser una enorme gratitud hacia Dios por su misericordia y su gracia. En lugar de darnos lo que nosotros merecíamos (el castigo eterno), Dios da a los que tienen fe en Cristo lo que *ÉL* se merece (la bendición eterna).

- **Santidad.** Saber a dónde nos conduce el pecado y cuál es el precio del pecado debe impulsar a los cristianos a buscar la santidad. Debemos odiar el pecado en nosotros y en otros porque, básicamente, el pecado es rebelión contra Dios. Al haber sido salvos de la ira divina, debemos buscar la semejanza de Cristo, que es la santidad.
- **Sobriedad.** Vivimos en tiempos cuando está de moda trivializar casi todo. Nuestra reacción cultural es evitar o minimizar las cosas que nos perturban. Es incongruente responder a la doctrina del infierno sin sobriedad. Las Escrituras nos exhortan a ser sobrios (1 Pedro 1:13). Debemos pensar claramente sobre las cosas y sentir la seriedad del asunto. Esto no significa tener una vida triste o no divertimos, sino ser personas de convicción, que pueden hablar sobre estos asuntos con la seriedad que se merecen.
- **Evangelización.** Si creemos lo que la Biblia enseña sobre el infierno, entonces debemos predicar a otros. No hay otra opción. Pablo pregunta cómo oirán sin haber quien les predique (Romanos 10:14). La gravedad del infierno debería provocar en nosotros un celo por la evangelización compasiva y fiel.

Reconocimientos

Todo proyecto requiere del trabajo en conjunto —a menudo inadvertido— de muchas personas para la elaboración de un producto final. Estoy agradecido a las personas gentiles y amables de *The Good Book Company* por la oportunidad de trabajar con ellos en este libro. En particular, estoy agradecido por las reflexivas contribuciones editoriales de Tim Thornborough y su persistente estímulo.

La mayoría de las preguntas y algunas de las secciones de este libro provienen de conversaciones que tuve con miembros de la Iglesia Bíblica Emaús de Omaha, una congregación que tengo la bendición de pastorear. Estoy agradecido por las muchas interacciones sobre este tema y la respuesta reflexiva después de los sermones así como de la sesión de preguntas y respuestas posteriores. Thomas Anderson fue de gran ayuda en su contribución y análisis editorial preliminar.

Finalmente, estoy agradecido a mi familia, y especialmente a mi esposa, Christie, por su sacrificio de tiempo y sus valiosos comentarios y continuo aliento. Tu apoyo significa más de lo que puedas imaginar.

Agradezco a Edward Donnelly por la ilustración sobre el médico oncológico que utilicé en la página 15, http://www.sermonaudio.com/sermoninfo.asp?SID=62608204465

También agradezco a Gregg Allison por la explicación sobre las tres corrientes en la enseñanza cristiana alternativa sobre el infierno (página 29): Gregg R. Allison, *Historical Theology* (Grand Rapids, MI: Zondervan, 2011), p. 702.

EDITORIAL
PORTAVOZ

NUESTRA VISIÓN

Maximizar el efecto de recursos cristianos de calidad que transforman vidas.

NUESTRA MISIÓN

Desarrollar y distribuir productos de calidad —con integridad y excelencia—, desde una perspectiva bíblica y confiable, que animen a las personas a conocer y servir a Jesucristo.

NUESTROS VALORES

Nuestros valores se encuentran fundamentados en la Biblia, fuente de toda verdad para hoy y para siempre. Nosotros ponemos en práctica estas verdades bíblicas como fundamento para las decisiones, normas y productos de nuestra compañía.

Valoramos la excelencia y la calidad.
Valoramos la integridad y la confianza.
Valoramos el mérito y la dignidad de los individuos y las relaciones.
Valoramos el servicio.
Valoramos la administración de los recursos.